CONFISSÕES DE UM PAI DESPREPARADO

CONFISSÕES DE UM PAI DESPREPARADO

Daniel Funes

Este livro segue as normas do novo ACORDO ORTOGRÁFICO

PANDA BOOKS

Diretor editorial
Marcelo Duarte

Diretora comercial
Patty Pachas

Diretora de projetos especiais
Tatiana Fulas

Coordenadora editorial
Vanessa Sayuri Sawada

Assistentes editoriais
Alice Vasques de Camargo
Lucas Santiago Vilela
Mayara dos Santos Freitas

Assistentes de arte
Alex Yamaki
Daniel Argento

Diagramação
Paula Korosue

Ilustração de capa
Negreiros

Revisão
Andréa Vidal
Juliana de Araujo Rodrigues

Impressão
Cromosete

CIP – BRASIL. CATALOGAÇÃO NA FONTE
SINDICATO NACIONAL DOS EDITORES DE LIVROS, RJ

Funes, Daniel
Confissões de um pai despreparado/ Daniel Funes. – 1. ed. – São Paulo: Panda Books, 2013. 128 pp.

ISBN: 978-85-7888-287-7

1. Pai – Humor, sátira, etc. 2. Paternidade – Humor, sátira, etc. I. Título.

13-00838

CDD: 869.97
CDU: 821.134.3(81)-7

2013

Um selo da Editora Original Ltda.
Rua Henrique Schaumann, 286, cj. 41
05413-010 – São Paulo – SP
Tel./Fax: (11) 3088-8444
edoriginal@pandabooks.com.br
www.pandabooks.com.br
twitter.com/pandabooks
Visite também nossa página no Facebook.

Para a minha senhora e
meu bebê. Sem elas este
livro não teria nascido.

A Denise Ortiz, grande amiga,
orientadora e mentora.

Sumário

INTRODUÇÃO:
O autor deste livro teve um filho, mas passa bem

Já te contaram que, depois que seu filho nasce, sua esposa leva mais de um ano para se lembrar de que é casada com você? Sabia que nos cinco dias de licença-paternidade você vive como um preso, com a diferença de que está num quarto, e não numa cela? Sabia que, em apenas um dia, você e o bebê recém-nascido podem receber até cinquenta visitas, todas da sua sogra? Sabia que, depois que vira pai, você fica virgem outra vez?

Como se não bastasse tudo isso, depois que seu filho nasce, você morre. Isso porque, ao longo do processo, você se torna algo tão insignificante quanto uma sombra. Esqueça a macheza ou a postura de super-herói corporativo que tanto marca a figura masculina. Agora, meu amigo, você está mais para ovelha domesticada, que assiste aos acontecimentos sem saber em que parte de cada ato deve subir ao palco. Por mais que se esforcem, em qualquer circunstância, os homens são sempre os eternos coadjuvantes, relegados a mudos e desorientados carregadores de bebê-conforto. O máximo que fazem para expor o que resta de sua masculinidade é, uma vez ou outra, sacar um talão de cheques ou cartão de crédito, únicas armas dos seus tempos de caçador viril.

Escrevo isso para contar a você que estamos todos no mesmo barco – ou seria na mesma banheira inflável com cara de patinho?

Hipnotizados pela graça de um bebê, nos rendemos e assumimos nosso lado *baby sitter* (acredite, todo homem tem um). Viramos seres ultradomesticados, flexíveis à nova rotina e às novas exigências deste momento (que parece que não vai acabar nunca!). Do mesmo jeito que aconteceu comigo, pode acontecer com você. E vai acontecer. Mas não se assuste, porque, depois de ler os relatos e histórias a seguir, você, papai, descobrirá que não está sozinho e que um dia, depois que todo esse furacão passar, será visto novamente como um homem de verdade. Falando em verdade, muita gente vai achar que este é um livro de histórias, mas quem já teve filho sabe que este relato é tudo, menos uma obra de ficção.

MINHA SENHORA
ACORDOU GRÁVIDA.

E AGORA?

Outro dia minha mulher desconfiou que estava grávida. Sua barriga estava tão pequena, que eu achei que fosse psicológico, mas os cinco testes que fizemos provaram que não. A eficácia desses testes de farmácia é de 99%. Por que não inventam uma coisa assim para o cara saber se é gay?

Vejo a barriga da minha senhora ainda murcha e não acredito que tenha alguém ali. Vivendo num apartamento de um dormitório, você já se sente no maior aperto, imagine numa bolinha cheia de água? Enquanto filosofo chocado, minha esposa faz ligações em série para todas as suas trezentas amigas do Facebook, anunciando que terá um bebê. Nesse momento, eu me pergunto: será que depois do parto minha senhora voltará ao normal? Será que sua barriga ficará como uma bexiga murcha, ou como essas peles de açougue de quem faz redução do estômago? Meu medo é que meu filho tenha a cabeça muito grande e, ao passar pelo útero, alargue minha esposa de forma irreversível.

O outro medo é que minha senhora nunca mais volte a ser minha mulher. Acontece com todas as gestantes. Subitamente esquecem que um dia foram sensuais e assumem uma expressão impassível dessas mães-padrão de álbum de retratos. Ficam completamente hipnotizadas pelo bebê, como se durante a noite, enquanto o papai dormia, houvessem tomado uma poção. Desenvolvem aos poucos uma identidade totalmente diferente daquela que você conheceu e nunca mais retornam ao estado normal. Você ainda espera que possa de alguma forma "reinicializar" sua mulher, mas descobre que o sexo acabou. E o pior: por mais de nove meses.

Minha senhora não é mais aquela

Minha mulher estava apenas com um mês de gravidez, mas não sabia. Depois da confirmação final da ginecologista, chegou em casa mudada – ou melhor, transtornada. Entrou na sala andando já com passos de pata cuidadosa, ensaiando para a fase dos oito meses, quando a mulher não consegue mais equilibrar a barriga e caminha como se fosse desmontar. Nesse dia, ela tinha um horário agendado no salão de beleza, mas desmarcou. Naquela hora vi que perderia a esposa. Dias depois, o processo se acentuou e ela já me olhava como um pai inofensivo e de pijama, que agora só serviria para trabalhar e fazer compras para o bebê.

Em seguida, ela começou a prestar atenção em fotos de criança, a procurar decoração para o quarto e a falar apenas com amigas que já tiveram filho. Esse comportamento, que se acentua no segundo mês de gravidez, se agrava ao longo dos nove meses e tem força suficiente para mudar a personalidade da mulher. Por esse motivo, chamo esse período de...

Delírio

Como diz o próprio nome, nesta fase a mulher assume uma postura delirante. Muda de personalidade, como se seu espírito original tivesse saído do corpo e agora outra entidade assumisse. A coisa acontece de repente, e o estado de delírio pode ser diagnosticado por meio de sintomas simples:

- Sua mulher passa a falar apenas sobre assuntos de bebê;
- Sua mulher vê na rua, em *outdoors*, anúncios de bebês que antes nunca reparava;
- Sua mulher chora sem parar;
- Sua mulher deixa de prestar atenção nas coisas;
- Sua mulher dirige pensando no bebê e bate o carro todas as vezes que sai;
- Sua mulher deixa de prestar atenção em você;
- Sua mulher agora só fala com amigas que tiveram filho;
- Sua mulher perde o *sex appeal* de uma vez por todas;
- Você perde a mulher.

Mais que um estado de espírito, o delírio é uma espécie de demência que abala o emocional das mulheres e faz com que sua capacidade de discernimento desapareça. Também ficam irracionais (completamente) e passam a fazer compras como se estivessem hipnotizadas.

Tenho quatro cartões de crédito que deixo escondidos em diferentes partes da casa. Na fase do delírio, as mulheres desenvolvem um sexto sentido e passam a ter uma intuição mediúnica. Foi assim que minha esposa adivinhou onde estavam todos os cartões, e olha que um deles ficava dentro do radiador do carro. Como as primeiras compras foram por vingança, ela gastou bem mais do que planejara. Nas outras se contentou com trezentos reais por hora.

Em qualquer país ou civilização, a fase do delírio tem sintomas parecidos e o comportamento da mulher é o mesmo, como mostra o relato:

“Minha mulher começou a se comportar de forma delirante no dia em que fomos ao supermercado e ela encheu dois carrinhos com artigos de bebê. Mesmo sabendo que não teríamos onde guardar todos aqueles quinhentos itens, manteve sua tranquilidade e o riso lunático das Gestantes Delirantes. Em casa, foi enfiando toda aquela quinquilharia em gavetas, estantes e nichos variados, e ao mesmo tempo jogando pela janela tudo que julgava dispensável: mesas de canto, mesas de centro, enfeites, objetos de decoração e até uma adega climatizada. Fez tudo isso sem rancor, com um sorriso plácido de quem tinha passado a outra dimensão, onde nenhuma destas coisas compradas em dez vezes tinha mais importância.”

Se por um lado a fase do delírio estimula a capacidade de fazer compras, por outro, torna as mulheres inaptas a qualquer trabalho. Algumas ficam tão aéreas e incapazes de pensar, que precisam de licença-maternidade muito antes dos oito meses de gravidez.

Chama a atenção, nesse momento, a quantidade de lojas e serviços de bebê que sua esposa descobre. O mercado é tão diversificado e promissor, que eu mesmo pensei em montar uma loja de produtos de bebê. Uma das coisas que se usam em quantidade são fraldas.

Fraldas, para quem não sabe, são uma espécie de mata-borrão sofisticado e a forma mais rápida de jogar seu dinheiro no lixo. Um pacote custa uma fortuna, e você gasta até seis por dia. Mesmo porque, para uma criança de alguns meses, fazer cocô e xixi, mais que uma necessidade, é um passatempo. Do mesmo jeito que você faz palavras cruzadas, elas sujam fraldas. A sorte foi que as novas civilizações inventaram um ritual.

Aceita um chá de fralda?

Sempre que ouvia falar de chá de fraldas, imaginava um chá com um gosto horrível, principalmente se a fralda fosse suja. Até que um dia chegou a minha vez de experimentar. Descobri que chá de fraldas é uma mistura de aniversário de criança com reunião de Tupperware. Os convidados chegam e trazem um presente, mas é tudo igual, tudo fralda.

Olhando aqueles pacotes que iam se amontoando na sala de casa, a primeira coisa em que pensei foi em mudar para um apartamento maior. Ou então revender tudo aquilo e levantar uma grana. Fui alertado, porém, de que o bebê usaria todas elas. Até fralda geriátrica devia ter ali no meio, pois havia estoque para todas as fases da vida da criança. Quando tivesse uns 35 anos e tirasse a fralda depois de um dia de trabalho, meu bebê se lembraria com saudades daquele chá que rendeu o bastante para os pais abrirem uma loja de fraldas. Na piscina do clube, apareceria sem camisa e de fralda. Diria aos amigos que havia ganhado fraldas para a vida toda e seus pais não deixavam desperdiçar.

Nos pacotes empilhados em casa, havia fralda de todos os tipos, de todos os tamanhos, uma variedade que eu não tinha visto nem nas promoções do supermercado. Eu mesmo não percebia diferença alguma entre aquela com abas e a noturna, entre a noturna Bebê Mijão e a Diurna 12 horas, ou a que transformava xixi em gelatina e cocô em paçoca. Já a minha senhora separava os pacotes com a facilidade de quem havia feito um curso para reconhecer as diferenças.

No chá de fraldas, outra coisa que me chamou a atenção foi o modelo de negócio. Você convida sessenta pessoas e serve apenas um lanche à base de torradas e café. No final do evento, com um investimento mínimo, terá arrecadado algo em torno de uns 2 mil reais em fraldas. Empolgado, pensei num chá de carro, em que cada convidado traria uma peça e assim eu montaria um carro novo de graça; chá de livros, para renovar minha biblioteca; chá de DVDs; e assim por diante. O importante foi que pelo menos a questão das fraldas estava resolvida. Restava saber agora onde íamos arrumar sacos de lixo para jogar fora todas as 2 mil fraldas.

ULTRASSOM: UM FILME
MUDO, DESFOCADO
E QUE VOCÊ PAGA
trezentos REAIS
PARA ASSISTIR

Até hoje não entendi por que paguei tão caro para ficar trancado numa sala assistindo de pé a um vídeo sem enredo, sem atores e sem trilha sonora. O mais impressionante do ultrassom é a importância que as mulheres dão para esses cinco minutos que você passa de frente para um computador vendo uma imagem obscura de algo que pode ser desde uma cebola até um apêndice. Mais incrível ainda é o quanto as mulheres se preparam para esse dia.

No primeiro ultrassom da gravidez, tive que pedir folga na firma para acompanhar minha senhora. A sorte é que minha chefe entendia esse capricho feminino de tirar um *day off* para assistir a um filme de uma cena só.

O ritual acontece numa sala com um computador e uma tela de plasma.

Enquanto a médica passava o aparelho na barriga da minha senhora, ela e minha sogra riam e choravam exultantes, vendo o óvni a que chamavam de "bebê". Sem saber se olhava para a tela de plasma ou para o monitor do computador, eu me mexia aflito na saleta, tentando descobrir, em meio àquela paisagem abstrata, onde estava o bebê.

Empolgado, pensei ter visto uma cabeça, mas era o ovário da minha senhora. Sorri por engano, e minha mulher achou que finalmente eu compartilhava o êxtase de estar diante daquela espécie de mioma que a médica afirmava ser uma criança. Segundo a doutora, "não só era um ser vivo, como ia nascer com cabelo". Não entendi se aquilo era gozação ou algum tipo de clarividência. Se estávamos todos diante do mesmo quadro, como a médica via tantas coisas e eu só via uma espécie de espaço sideral?

Quando a exibição terminou, saí frustrado. A sensação de ter visto um filme sem entender nada era notória. Até minha sogra percebeu minha cara de interrogação e me consolou, dizendo que haveria reprise um mês depois. "Mesmo sendo um fracasso de bilheteria?", perguntei. Em casa, passada a decepção do momento, eu ainda poderia rever o filme com um novo olhar e tentar encontrar meu bebê ali no meio.

Ao deixar a salinha, ganhamos um DVD com o ultrassom. Para passar onde? E para quem? Se algum amigo ou familiar me convidasse num sábado à noite para ver um ultrassom e comer uma pizza, eu ia achar que o cara era louco! Minha mulher, porém, cogitava a possibilidade de reunir as amigas na frente da nossa TV e exibir por cinco minutos aquela espécie de falha de transmissão, com direito a som estéreo das batidas do coração do bebê.

Mas, ao vermos juntos o DVD em casa, minha mulher aceitou o fato de que aquela imagem podia ser tudo, menos uma criança. Ficamos horas diante da tela, tentando encontrar a forma de um feto, como se montássemos um quebra-cabeça.

Esperamos o segundo ultrassom, um mês depois. Dessa vez, para minha surpresa, vi que ali tinha um ser. Um minúsculo peixe-humano que, encolhido nas águas da placenta, lembrava um camarão. A coisa, vez por outra, se mexia, o que tranquilizava minha senhora. Ela achava que, quando o bebê ficava imóvel, podia estar morto.

Depois desse segundo ultrassom, vieram outros cada vez mais nítidos. Do terceiro em diante nem minha sogra ia mais, porque tinha perdido a graça.

Como eu imaginava, nunca mais paramos para assistir aos DVDs do ultrassom, mas eu ainda guardo todos comigo. A programação da TV está tão ruim que pode ser que um dia a gente precise.

Socorro! Minha senhora está entrando em trabalho de parto

Faltando um mês para o bebê chegar, até eu, que não tinha ninguém na barriga, fiquei tenso. Minha mulher arrumou uma mala para ela, outra para o bebê e uma para mim. Deixou as três no canto do quarto, como se a qualquer momento a gente fosse fugir.

Desde esse dia, passei a viver em estado de alerta. Acordava de madrugada com o choro do bebê do vizinho, achando que já fosse o meu. Ouvia gemidos de gatos na rua e achava que fosse o bebê anunciando sua chegada. Já havia avisado parentes e amigos que, se eu desaparecesse por cinco dias, estaria na maternidade. Quando o bebê chutava mais impacientemente, eu achava que estava morrendo sufocado e conversava com ele. Devia estar apertado ali dentro, pois não conseguia se mexer. E se morresse de aperto generalizado? E se entalasse e não nascesse nunca? E se resolvesse nascer de madrugada, ao meu lado na cama, e eu tivesse que fazer o parto?

NUNCA ME PREPAREI
TANTO PARA RECEBER
ALGUÉM QUE

NUNCA VI

O mais assustador de ter um filho não é o parto. É se ver frente a frente com uma pessoa que você não conhece, que nunca te viu e descobrir que, de repente, você está fazendo tudo para ela: tirando fotos, carregando, trocando, acudindo e assinando cheques – muitos deles.

O tempo todo, desde o momento em que cheguei à maternidade, tinha a impressão de que eu era um ator fazendo o papel de mim mesmo. Ser pai decididamente não era o papel que eu escolheria numa novela, mas, agora que eu estava lá, tinha de atuar.

Na sala de parto eu segurava firme a mão da minha senhora, como se um de seus dedos fosse cair. De repente, cortaram a barriga dela, como se preparassem uma picanha para o churrasco, e lá de dentro tiraram uma pessoa. Nessa hora não dava mais para fingir que não era comigo. A enfermeira me chamou de "papai" e colocou o bebê desconhecido no meu colo. Podia ser um boneco, podia ser um figurante de filho – não faria a menor diferença.

Bem que me esforcei para dizer que amava aquela criatura, mas, enquanto segurava o embrulho de dois quilos, nem eu mesmo podia me convencer disso.

Horas depois, quando o pesadelo cirúrgico acabou, o bebê chegou ao nosso quarto. Lógico que não veio andando; entrou trazido pela enfermeira. Ainda estava de olhos fechados. Será que estava vivo? Vendo bem de perto, eu o achei um pouco diferente. Provavelmente já havia crescido naquela meia hora. Vi numa reportagem do Discovery Channel que bebês crescem sem parar, até quando estão dormindo.

Ao contrário de mim, minha mulher se acostumou depressa à presença do bebê e disse que eles já se conheciam de outra vida. Efeito colateral da anestesia, provavelmente. Voltando a si, acabaria concordando comigo que a gente estava abrigando um estranho.

Mais realista, eu deixei que a enfermeira se encarregasse de cuidar da criança como se o filho fosse dela. Na verdade, é para isso que a gente paga a maternidade. Para o papai e a mamãe se recuperarem do choque e deixar que, pelo menos nessa primeira semana, alguém profissional cuide da criança. Porque daí pra frente vai ser tudo caseiro.

Nos dias subsequentes, como todos os bebês são iguais, eu ainda imaginava que aquele, o meu, podia ser de outra pessoa. Como até o quarto dia ninguém reclamou, registrei.

Cheguei mais perto da sensação de ter um bebê quando meu pai deu de presente para mim e para o meu irmão um cachorro de seis meses. A diferença entre o cachorro e o bebê é que o segundo dura mais e dá muito mais trabalho. A semelhança entre o bebê e o carro novo é que, assim que saí da maternidade, me deram um kit muito parecido com o manual do proprietário.

Só fui examinar com tempo quando cheguei em casa, e descobri que era um engodo. Ali não tinha nada de relevante, e, se eu contasse com aquele texto de mala-direta para criar uma criança, me atiraria pela janela. Porque para cuidar de bebês você precisa estar preparado. Aliás, nunca me preparei tanto para receber uma pessoa que nunca vi. É mais ou menos como você ir até o aeroporto e ficar aguardando um passageiro completamente desconhecido. Você olha para aquela multidão desembarcando e, de repente, vê no meio um sujeito com uma dessas silhuetas cinzas do Facebook. É ele! Com seu bebê é exatamente igual. Ainda bem que no curso para ser pai fui alertado sobre isso.

O dia em que o bebê virou objeto de estudo

Eu e minha senhora fomos os primeiros a chegar. Como às seis e meia da manhã não tinha ninguém na sala, achei que tivesse caído numa armadilha. Antes que eu pudesse fugir, os outros alunos apareceram. Não tinham a mínima ideia do que estavam fazendo naquelas cadeiras de escola. Achei que seria tudo uma grande enrolação, mas minha mulher garantia que depois da carga horária de nove horas de aulas seguidas, sairíamos sabendo tudo sobre crianças. Antes de a professora iniciar a aula, ainda perguntei se não havia um aplicativo de iPhone que tivesse o conteúdo programático. Ela sorriu, dizendo que eu tiraria de letra e, com uma animação de guia de excursão, começou a falar. Eu tinha escolhido uma cadeira do canto, para poder me encostar na parede, como fazia na escola. As mulheres eram as únicas interessadas na aula, porque só uma mulher consegue acordar tão animada num sábado de manhã para ouvir outra falar.

O que me consolava em tudo aquilo era o *coffee break* de vinte minutos que seria servido de manhã. Essa perspectiva me manteve acordado até o primeiro intervalo, às 10:00 horas. Daí em diante, ficar de olho aberto se tornou um desafio. Para salvar o que restava da minha dignidade, durante a aula tentei manter a cabeça ereta. Tudo o que via, porém, era o panorama difuso da sala e os outros maridos, cerca de dez homens, todos com a mesma cabeça de joão-bobo, fingindo prestar atenção. Às vezes eu tinha *flashes* de lucidez e ouvia alguma explicação. Nocauteado pelo vozerio das mulheres fazendo perguntas, novamente apagava. Mantinha meu braço apoiado no bebê de brinquedo que tinham dado para a gente treinar. Às duas da tarde a cabeça do boneco estava até meio amassada, por causa do meu peso. Foi quando ouvi a expressão "chamada oral", que me atingiu como um choque. Era uma pegadinha. A professora riu da minha cara e disse para as alunas: "Viram só como funciona?".

Minha mulher sorria realizada, carregando aquele monte de livretos, manuais e apostilas com que esperava estudar em casa. Acreditava que as nove horas de informação equivalessem de fato a um MBA para entender crianças.

Depois de nove horas e meia, tudo o que eu mais precisava ouvir era a frase salvadora: "Espero que vocês tenham gostado". Assim como eu, os outros papais acordaram aliviados, se mexeram um pouco e chegaram a sorrir. Tinham sobrevivido. As mulheres fizeram um círculo em volta da professora querendo mais informações, sempre mais.

No caminho para casa, minha senhora fazia anotações e olhava as apostilas, certa de que agora era uma mãe de verdade. Enquanto isso, parado num farol da avenida Santo Amaro, eu relembrava a única mensagem que tinha ficado daquela tarde: "O bebê chora por três motivos: frio, fome e sono".

Durante o curso, quando anotei essas informações num *post-it*, achei que fossem o bastante para lidar com a criança. Mas hoje sei que a professora me enganou. Os bebês choram por muitos motivos: frio, fome, solidão, birra, susto, calor, estranhamento, ansiedade e quando olham para gente feia. Só este último subitem inclui mais de vinte tipos de choro, que, até você memorizar, o bebê estará com uns seis meses. Outra coisa que a professora não me contou é como fazer o bebê parar de chorar. A maioria das pessoas não tem uma receita, apenas diversas dicas inventadas, que disparam como palpites de loteria:

- Dica 1 – coloque o bebê de bruços e espere para ver o que acontece;
- Dica 2 – conte uma história curta – se é que você terá frieza para inventar um enredo enquanto seu bebê berra;
- Dica 3 – conte uma piada do Ary Toledo;
- Dica 4 – vire o bebê no carrinho até ele ficar tonto. Se ele não dormir, com certeza desmaiará;
- Dica 5 – dê a ele um microponto de Lexotan, que, aliás, é o único conselho sensato de que me lembro.

O que não entendo é por que todo bebê fica tão nervoso. Eles não trabalham, não pegam condução, não precisam mastigar a comida, vivem no colo de alguém, nunca ficam sozinhos e dormem 16 das 24 horas do dia. Por que choram tanto?! Nos poucos momentos de folga que tive depois que saí da maternidade, comecei a pesquisar, mas, antes que eu terminasse, o bebê acordou.

Por conta das atividades que a criança me proporciona, ainda não tive tempo nem de "curtir" o bebê, e acho que isso é uma grande lenda, porque depois que ele nasceu não fiz outra coisa senão trabalhar. Quando dizem que criança pequena dá trabalho, não é força de expressão. Minha mulher, por exemplo, recebeu licença-maternidade só para se dedicar ao bebê. Eu fui demitido e não consegui arrumar outro emprego. Sempre que tento marcar uma entrevista, já é hora de trocar outra fralda.

Durante o dia, nos ocupamos com dezenas de cuidados com o bebê. Quando ele dorme, temos que livrar a casa de todos os vestígios que a desesperada maratona de cuidados deixou: manchas de cocô nos armários, fraldas sujas espalhadas pelo chão, poças de água que se formaram enquanto eu transportava a banheira pela casa. Uma das funções mais difíceis, por sinal, é esta: esvaziar a banheira.

É um exercício de humildade você pegar uma banheira cheia, andar com ela pelos espaços exíguos de um apartamento de sessenta metros quadrados, tomando cuidado para não derrubar os móveis e, ao mesmo tempo, equilibrando para a água não cair no tapete. "Carregamento de banheira de criança em apartamento" devia ser uma prova eliminatória do Big Brother. Outras ocupações com o bebê são treinar para tirar e colocar o bebê-conforto no carro em três segundos.

Enquanto o bebê está acordado, trabalhamos para ele, e quando ele dorme, podemos ler um pouco o *Livro do bebê*, no caso. Para quem não sabe, é uma bíblia de oitocentas páginas, única obra do autor (ele começou a escrever quando ainda era criança e terminou com setenta anos). O livro é um clássico e tem resposta para tudo. O mundo mudou muito, e hoje existem até sensores para encontrar bebês que somem embaixo da mesa, mas é incrível como o jeito de cuidar deles permanece o mesmo. Pensando nisso, desenvolvi a seguinte teoria.

TEORIA: Os bebês são tão antigos quanto o próprio homem

Bebês são e sempre foram todos muito parecidos. Apesar de nascerem perfeitos, é tudo fabricação caseira. O processo parece bem rudimentar, pois desde a antiguidade continua o mesmo. Como em qualquer indústria, a fabricação é dividida em etapas: o pai faz o trabalho mais braçal, enquanto a mãe funciona como receptáculo.

No processo de produção, o homem repete dezenas de vezes os mesmos movimentos para trás e para a frente sobre a mulher. De repente, ele dá um berro e a mulher, de preferência, dá outro. Pronto, agora é só esperar. Depois de um mês, como uma massa de pão, o bebê começa a crescer, o que percebemos pelo formato da barriga da mãe. Essa etapa dura nove meses, em média.

Finalmente, chega a hora de o produto final vir ao mundo. Existem duas modalidades de expulsão: a espontânea, que pode acontecer num ônibus, numa sala de espera ou até enquanto a mulher está trabalhando; e a induzida, que acontece em salas especiais. Neste caso, a mulher fica rodeada de assistentes, que participam da última etapa de fabricação. Embora não tenha função alguma, o homem fica ao lado da mulher, segurando sua mão.

A fábrica de bebês, também chamada de "barriga de mulher", é aberta, e de lá eles já saem prontos. Assim que surgem, completamente novos, são jogados para o pai, que nunca sabe o que fazer com aquilo e devolve para a enfermeira. Ao nascer, todos os bebês são idênticos, como qualquer produto feito em larga escala. Depois de embalados, são levados para o berçário, espécie de loja de crianças, onde ficam em exposição atrás de uma vitrine. A cada nove meses é fabricado apenas um exemplar. Existem, porém, fabricações em série, em que são produzidos dois, três e, às vezes, até quatro de uma só vez.

Para lidar com esse novo produto chamado "criança", todo proprietário recebe uma espécie de manual logo que sai da maternidade. Ao contrário do carro, esse artigo demanda bastante literatura.

Nos primeiros meses, bebês costumam viver rodeados de parentes e amigos, pessoas que gostariam muito de também adquirir um. Ao descobrir que custa caro e dá trabalho, desistem. A boa notícia é que, diferentemente de qualquer outro produto de fabricação brasileira, bebês vêm com todos os opcionais, são sempre ultrassofisticados, costumam durar anos e agradam tanto seus proprietários que jamais são vendidos, trocados, muito menos emprestados. Um produto único, portanto, e diferente de todos os outros que você já adquiriu.

O BEBÊ CRESCEU TANTO,
QUE NÃO SOBROU
LUGAR
PARA MIM

Quando meu bebê nasceu, todo mundo dizia que ele era um fofo, era bonito e tinha cílios grandes. Mentira.

Dias depois, já em casa, passados a emoção e o orgulho, descobri que bebês são todos iguais e nascem com cara de ET velho, como o Benjamin Button. Tudo bem que alguns crescem e ficam mesmo parecidos com o Brad Pitt – mas também podem ficar com a cara do Tiririca. É uma roleta-russa. Até seu filho virar gente e se decidir por um rosto, ele passa por dezenas de metamorfoses. Já depois de formado, só muda com plástica.

Quando olho para a imensa quantidade de bebês, fico pensando como Deus teve imaginação para fazer tantas pessoas tão diferentes e ainda assim continuar sua produção. De onde vem tanto molde? É verdade que Ele teve algumas crises de criatividade. A primeira foi quando inventou os japoneses, e a segunda, quando vieram os chineses. Revoltado com a mesmice de suas criações, algum tempo depois Ele deu uma pirada e aí surgiram as pessoas exóticas. Mais para a frente, pirou de novo e resolveu ser conceitual, criando seres que caberiam fácil numa instalação de bienal: irmãos siameses, albinos, aborígenes e incas venusianos.

E já que Ele é o Senhor da Criação, tenho certeza de que também criou os ETs, essa espécie de "gente-conceito", da qual só conhecemos o protótipo, mas que nunca encontramos na vida real. Quando Deus está num dia ruim e erra a mão, saem Dercys Gonçalves, Aracys de Almeida, Avanires e outros seres.

Mesmo se o seu bebê for feio, não se desespere. Ele ainda tem tempo de sobra para um dia ficar milionário e se esconder numa Ferrari. Além disso, sempre existirão avós, parentes e amigos míopes para convencer você de que seu bebê tem cara de criança de comercial. Para o pai e a mãe, o bebê é sempre fofo. Do contrário, o Zacarias dos Trapalhões teria sido abandonado na sarjeta. Fico impressionado em ver que os comentários sobre o bebê são sempre quanto à sua formosura. Percebi isso nas primeiras visitas que recebemos, ainda na maternidade. E o Einsten, coitado, como fica nessa? E o Stephen Hawking? Ninguém olha para um bebê e diz: "Olha que gênio da matemática". Ou, no caso do Einsten: "Olha que graça este bebê com língua de fora, vai ser uma sumidade". Infelizmente, desde o nascedouro, o mundo é cruel com o ser humano, porque feiura e inteligência são duas coisas que não dão ibope.

Achei que a maternidade fosse um hotel de luxo, mas era uma penitenciária

Não sei o que é pior: sair da maternidade ou chegar a ela. Ao ser recebido pelo simpático séquito de funcionários, o papai, em suas fantasias de estreante, imagina que esteja se hospedando num hotel. Ainda não sabe que será largado num colchenete inferior a sua altura, que passará dias sem que ninguém fale com ele e que será usado pela esposa como uma mistura de mordomo e *office-boy*. Eu já estava na maternidade havia três dias e não podia sair de lá para nada; estava sem minhas coisas, só recebia visitas no horário determinado e não fazia a mínima ideia do que acontecia do lado de fora. Quando tinha algumas horas de liberdade condicional, saía pela avenida Paulista eufórico, como se passeasse por Nova York. Esses momentos duravam pouco. Sabia que minha mulher, também prisioneira, ia precisar de mim e, então, eu teria que voltar. Como todo preso, logo fui descobrindo os macetes para conseguir as coisas que vinham de fora. O celular foi a primeira. Pedi também aos amigos alguns livros e revistas. Como na cadeia, os dias na maternidade são muito parecidos. Depois do terceiro, é preciso inventar ocupações, se não quiser enlouquecer. Eu inventei. Uma delas era ir ao café anexo, de onde eu via a avenida Paulista pela janela e me consolava com a impressão de que estava num *flat,* e não num hospital. As noites em que saía para comer sozinho, sempre no mesmo restaurante do outro lado da rua, também eram um aperitivo da liberdade. Fora isso, minha rotina não mudava: acordar às sete sobressaltado com uma visita que chegava de surpresa, vestir a calça correndo para não me verem de cueca, fingir que estava feliz com a visita imprevista, andar arrastado até o café, tomar um expresso, voltar para o quarto e esperar a hora do almoço.

Pior que tudo isso é o dia em que você sai. Assim que deixa a maternidade, a primeira sensação é de liberdade. Mas eis que o homem olha para a esposa – que não entende nada de criança –, olha para o bebê – que não entende nada de nada –, e tem, enfim, a certeza de que os três foram despejados e agora rodam de carro à procura de um abrigo. Como se a sensação de desamparo não bastasse, de repente o bebê começou a chorar e minha senhora perguntou por quê. Responder àquilo seria tão difícil quanto provar a existência de Deus. Eu lembrava que o bebê chora de frio, de sono e de fome, mas como a gente ia saber sem perguntar para ele? Isso a professora do curso não explicou. Na mesma hora liguei para ela e deu caixa postal. Pilantra enganadora! Estávamos completamente abandonados. A sorte foi que havia dezenas de parentes esperando para nos visitar.

Em 24 horas recebi cinquenta visitas. Todas da minha sogra

Numa média de três horas, ela apareceu tantas vezes que o porteiro não tinha mais nem tempo de anunciar sua chegada. Para facilitar seu acesso, deixei a porta de casa aberta. No primeiro dia, ela veio cinquenta vezes. No segundo, apareceu com alguns parentes do interior, o que me fez ter certeza de que ela incluíra minha casa num roteiro turístico. No terceiro dia, cansado de largar o bebê para atender a porta, fiz uma cópia da chave para ela. No quarto dia, ao chegar em casa com o bebê, encontrei minha sogra e quatro amigas jogando pôquer e fumando na sala. Aí surtei. Peguei o bebê, tranquei minha sogra e as amigas no apartamento e fui para a casa dela, onde ficamos por uns dias – eu, minha senhora e a criança.

Quando resolvi voltar, aconteceu uma coisa bem pior que as visitas da sogra. Até gente que não me conhecia passou a me procurar. Viam-me no Facebook, descobriam que eu acabara de ter um filho e apareciam. Alguns vinham de surpresa, sabendo que assim eu não conseguiria fugir. Nunca a expressão "visitação pública" fez tanto sentido.

Sem que você perceba, de repente sua casa vira uma opção para pessoas que não têm grana para se divertir. Passa a fazer parte de uma lista que inclui praças públicas, praça da Sé, praça do Correio, avenida Paulista, parque do Ibirapuera, praia, shopping, zoológico e aeroporto.

Algumas visitas surgem sozinhas, outras trazem alguém, como se fossem a uma festa. As mais "sem noção" organizam caravanas. Um dia desses, a prima da tia da concunhada da consogra do meu pai me achou no Facebook e perguntou quando podia conhecer meu bebê. Marquei para a terceira semana de maio de 2017, quando minha filha terá espaço na agenda.

Não é estrelismo, é falta de tempo. Mamar, arrotar, trocar de fraldas sete vezes por dia, tomar banho e fazer quatro sestas deixa qualquer um esgotado. Principalmente eu.

Por isso, uma hora precisei ser honesto e dizer aos parentes hospedados no quarto da empregada que era preciso respeitar o *timing* do bebê. Aproveito e peço aos 89 parentes do interior, aos primos de Santa Rita do Passa Quatro, às tias de Santa Rita do Passa Cinco e também aos de São Paulo que tenham um pouco de paciência e não reparem se forem recebidos só quando meu bebê tiver cinco anos.

O mais difícil das visitas é mostrar nossa satisfação. Mesmo vivendo como zumbis, tentando conciliar o sono com as exigências da criança, eu e minha senhora tivemos que usar máscaras de simpatia para esconder nossas olheiras e saudar as visitas com uma expressão festiva. Mas quando uma prima distante (da qual eu, na verdade, nem lembrava o nome) apareceu trazendo dois litros de refrigerante e um imenso Tupperware com sanduíches, eu já achei abuso. Mandei ela passar o resto da tarde no zoológico e dar aqueles sanduíches para os macacos.

O banho equilibrista

Ainda na maternidade, quando vi a enfermeira dando banho no meu bebê, achei que fosse tudo muito simples. Ela manipulava-o como se fosse uma boneca. Parecia estar fazendo uma panqueca. Virava de um lado, do outro, jogava pra cima e pronto.

Aquilo me animou e pensei: "Tá fácil". Até que chegou a minha vez.

Tirei a roupa do bebê e o joguei na água quente da banheira, como se fosse fervê-lo. Logo em seguida derramei xampu e fui passando por aquele corpo escorregadio de baiacu. Dava a impressão de que eu participava de uma gincana em que pontuaria quando finalmente conseguisse agarrar o bebê com força, sem que ele escapasse e saísse voando.

Para agilizar as coisas, resolvi virar logo o bebê de costas. Aí lembrei da enfermeira e fiz aquele movimento descompromissado de quem bate figurinha. Para quê? O bebê escorregou e caiu de lado na banheira. Segurei-a pelo braço, que quase quebrou. Minha senhora se mexia pelo quarto com movimentos de fantoche desesperado. Tentava me ajudar, mas não conseguia passar entre a banheira e a cômoda. Em pânico, via o malabarismo absurdo que eu fazia para segurar o xampu, sustentar a banheira e manter o bebê pousado na minha mão esquerda. Para piorar as coisas, o bebê começou a chorar incomodado com a água, que tinha esfriado. Enquanto isso, eu apelava para meu Super-Homem interior, tentando, além de todas as ocupações simultâneas, entregar o bebê para a minha senhora, que já aguardava no final da linha de produção com a toalha estendida. Das minhas mãos, o bebê escorregou e caiu na cama. Nessa hora, olhou para mim e riu. Estava se divertindo? Ou achava que eu estava brincando de malabarista? Instintivamente, olhei para as minhas mãos. Estavam molhadas. Não era água, era suor. Nem no meu primeiro salto de paraquedas experimentei tanta adrenalina. Sentada na cama, minha senhora se agarrava ao bebê já seco, olhando para mim com medo, como se eu fosse o Lobo Mau.

Como vou acertar a fralda, se não posso experimentar?

A compra da fralda não é uma tarefa simples. Requer conhecimento técnico, uma literatura vasta e bastante equilíbrio mental para não enlouquecer diante das diversas opções que o mercado oferece. As mães ficam tensas, e os pais, apavorados. Hoje, quando vou ao supermercado ou à farmácia, já não procuro, pergunto. Na última vez, consultei uma mulher que já havia tido 12 filhos, oito dela mesma e quatro para uma vizinha que não podia engravidar. Por uma hora essa mulher me falou sobre a evolução das fraldas no mercado, sobre os vários tipos de fecho, sobre as propriedades absorventes da diurna *versus* as da noturna e até sobre o mijo transformado em gel e vendido como gelatina no mercado negro de doces.

Na primeira compra, já prevendo o trauma que eu enfrentaria, fui a um supermercado de bairro onde a variedade é sempre menor. Diante de uma prateleira com vinte tipos de fralda, me senti como na escola, quando tinha chamada oral e eu descobria, na hora, que havia me esquecido de estudar. Peguei um pacote aleatoriamente. Só para ler as especificações técnicas levei meia hora – e fiquei na mesma, esperando que da minha própria confusão surgisse uma resposta. Nas fotos, os bebês de todas as embalagem sorriam, o que me fez pensar que, se eu levasse qualquer tipo de fralda, meu bebê ficaria feliz.

De todas elas, a única que me pareceu realmente diferente foi uma para "gente grande". Vendem isso para homens que querem se fantasiar de bebês no Carnaval. Continuei olhando e, diante da mais completa indecisão e falta de informação, fechei o olho e intuitivamente peguei um pacote. Cheguei em casa e, quando abri o olho, descobri que havia comprado um monte de absorventes.

O sono do bebê (porque o papai não dorme mais)

Depois que meu bebê chegou em casa, dormir se tornou um luxo. Aquele sono de nove horas, com sonhos e sem interrupção se tornou realmente um sonho, quase uma fantasia sexual. Eu e minha mulher vivemos meio acordados, meio dormindo. De manhã, enquanto estico o sono usando o bebê como almofada, minha senhora faz o café de olhos fechados, prepara um misto-quente e, sem perceber, assa junto a mão esquerda. Logo mais, ainda suando, erro de prédio, entro com o carro na garagem errada e só dentro do edifício descubro que, na verdade, trabalho em outro lugar.

Outro dia, enquanto estava na rua, me deu tanto sono que precisei deitar num banco de igreja e dormir dez minutos até me recuperar. Tinham me avisado que o bebê não deixa a gente dormir, mas não imaginei que os efeitos fossem tão cruéis. Para piorar as coisas, o bebê é tão pontual para acordar que joguei o despertador no lixo. Já são tantas horas mal dormidas que hoje vivo com sono e consigo dormir em qualquer lugar. E pensar que há três anos fui internado no Instituto do Sono. Agora voltarei lá para dizer que estou curado. "Que técnica usou?". "Tive um filho", vou responder.

MINHA SENHORA ESTÁ ME TRAINDO COM O BEBÊ

Quando minha mulher engravidou, já sabia que eu ia ficar em segundo plano, mas tinha esperanças de que, passados alguns meses, a vida sexual ressurgisse.

Bem que tentei, e descobri que nada se compara em absurdo, intensidade e experiência ao sexo com uma mulher no oitavo mês de gravidez. Confesso que, a partir do quarto mês, o simples pensamento de ver minha senhora pelada me soava indecoroso. Do sétimo em diante, eu jamais conseguia me concentrar. Sua imagem andando feito uma pata pelo quarto, vacilando como um joão-bobo enquanto equilibrava a barriga, me causava consternação. Mesmo que eu fosse um tarado sem controle, a barriga, com aquele seu jeito de obstáculo em vias públicas, me soava como um grito de censura. Mas teve uma hora que não aguentei. Num ato de loucura, parti para cima. Até eu me lembrar de que havia um bebê entre nós. Instintivamente parei tudo, escorreguei para o outro lado da cama e me cobri.

Depois desse episódio, passei um tempo calmo, esperando a minha vez, mas ela nunca chegava. Primeiro foi a preparação do quarto do bebê, depois a recuperação da cesariana, depois o ciclo de visitas, em seguida a ambientação do bebê.

Dois meses depois do parto ainda não tinha chegado a minha vez e, então, percebi que eu havia perdido o posto. Não estava em segundo plano, e sim relegado a uma mistura de assessor, carregador de malas, dispensador de fraldas e garoto de recados, que atendia o celular da mulher quando ela estava amamentando. Falando em peitos, eles não são mais meus. Ao ver minha mulher tirando os peitos para fora, como se aquilo fosse um bebedouro, chego à conclusão de que o Clodovil estava certo. Seios não são órgãos sexuais, são glândulas mamárias. Da mesma forma, vagina também não é um órgão sexual, é canal de saída.

Contando os nove meses da gravidez, já são 11 meses de abstinência sexual. Eu até podia tentar alguma coisa, mas querer sexo com uma mãe novata ou uma grávida tem um quê de abuso que me incomoda. Além do mais, vendo minha mulher tirar os peitos da blusa sem cerimônia em shoppings, restaurantes e até praças ao ar livre, não consigo mais enxergar sexo ali. O que vejo é uma beleza renascentista completamente destituída de sacanagem. E, honestamente, pensar que eu e meu bebê estamos sugando as mesmas coisas é tão bizarro quanto transar com uma gestante.

No dia do parto, bem que me alertaram de que eu ficaria virgem outra vez. Ainda assim não desisto. Resta uma fagulha discreta, escondida no âmago do estômago, que com muito esforço e imaginação pode ser reativada. Assim como os peitos, aquela boca também não é mais minha. O corpo, então, nem se fala. Essa criatura de dois meses e 58 centímetros, um pouco maior que uma régua escolar, dominou minha mulher e limou da nossa vida qualquer coisa que se pareça com sexo. A minha senhora se recusa ao que ela chama de "jornada tripla" (cuidar da casa, cuidar do bebê e fazer sexo). Mas o que eu faço? Arrumo uma concubina?

Quem vai cuidar do papai?

Assim que seu filho nascer, você vai ver que todo homem precisa de uma mulher-estepe para esses meses em que o bebê rouba seu lugar em todos os cenários da vida. As grávidas deviam pensar seriamente em pelo menos se dividir em mãe e mulher gostosa, que partilhasse seu corpo e seu tempo com o marido e o bebê. Assim, fica uma relação saudável e familiar. Nas horas em que o bebê está acordado, a mãe o serve. Quando ele dorme, a mulher gostosa serve o marido. Não é perfeito? Dada a formatação desse triângulo, posso garantir que não há aí nenhum componente de traição, mas sim, de compreensão. O problema foi que minha mulher não compreendeu, e aí tive que apelar para outra estratégia.

Sexo emergencial para casados

Indicado para quando o bebê já dorme oito horas por noite, só troca de fralda quatro vezes por dia e quase não chora. Nessa etapa, sua mulher finalmente lembrará que vocês são casados e, como há anos não acontecia, você verá a possibilidade de um encontro secreto. Isso mesmo. Na verdade são poucas as mulheres que topam esse estratagema, mas com a minha funcionou.

Deixamos o bebê na minha sogra e combinei com minha mulher um encontro num posto de gasolina. Ela foi de táxi, e, mais tarde, eu apareci de carro.

Encontrei-a me esperando com uma saia bem curta e uma camiseta que mostrava que, no fundo, ela não era tão mãe assim. Parei o carro, fingindo que ia abastecer, e ela entrou. Fomos, então, para o único lugar onde choro de criança não nos tiraria a concentração: o estacionamento de um supermercado, na avenida Washington Luís. Tenho que dizer: motel me dá a impressão de sexo ensaiado e passa uma sensação de fracasso.

Assim que estacionamos, improvisei um Insulfilm com celofane e tiramos a roupa. Eu já estava certo de que em cinco minutos a gente ia superar aquela fase negra do relacionamento. Era o tempo de que precisávamos, pois hoje conseguimos transar numa rapidez incrível. Sexo ritualístico, com direito a massagens e acessórios, é coisa para desempregado, gente que não tem mais o que fazer. Nós, pais que trabalham, cuidam de criança, vão ao supermercado, vão à feira, temos tempo no máximo para uma manutenção, espécie de garibada do sexo.

Já sem roupa e pronto para atuar, de repente ouvi um choro vindo da bolsa da minha mulher. Ela tinha deixado a babá eletrônica na casa da minha sogra para ouvir o bebê de onde estivéssemos. E infelizmente funcionou! Reclamei, e na mesma hora ela surtou, dizendo que não era uma prostituta e que precisava voltar para casa imediatamente. Eu ainda tentei uma última cartada, metendo a mão insana naqueles seios, e levei um tapa.

Voltamos para casa. Da minha sogra. Em minutos, ainda no caminho, aquela persona de prostituta que minha mulher forjara desapareceu, ao mesmo tempo que seu lado mãe aflorou com força total.

Essa reação só comprova a minha teoria, que exponho a seguir.

TEORIA DA ESPOSA-MÃE

TESE: Depois de casada,
toda mulher vira
uma espécie de MÃE

PARA O MARIDO

Há dez anos, quando eu disse isso a uma amiga analista e feminista, ela ficou escandalizada e passou um tempo sem falar comigo. De 1999 a 2009. Até o dia em que liguei por engano para ela e acabamos tocando no assunto. Minha amiga, então, disse que concordava com minha teoria. O que tinha acontecido com ela? Casou.

Quem me vê falando que as mulheres nasceram para ser mães pode achar estranho, mas, olhando bem as fases do relacionamento, descobrimos que estou certo.

- Fase da paixão – Você e sua amada só se veem uma vez por semana, não se conhecem direito e moram em casas separadas. Em seguida a esta fase vem o que os psicanalistas carinhosamente chamam de "fase das descobertas";
- Fase das descobertas – Aquela hora em que não dá mais para fingir. Vocês se veem todos os dias, ela te liga toda hora, você esquece de disfarçar seu bafo com *drops*, ela cansa de usar aquela calça apertada que camuflava a celulite. Vem, então, a "fase dos planos";
- Fase dos planos – Entediados com a rotina de só ficar indo em cinema, pizzaria e balada, vocês resolvem construir algo juntos. Se, num momento de distração, você deixou sua namorada falar a palavra "construir", ferrou. Na melhor das hipóteses, a qualquer momento você vai entrar no cheque especial. E se ela falou "juntos", significa que você terá que aumentar o limite do seu cartão de crédito. Porque se o que é seu é dela, daqui para a frente vocês não dividem mais conta alguma. Você, o homem, paga tudo sozinho.

Nos meus tempos de namoro, sempre que chegava essa hora eu queria muito que o homem da relação fosse a mulher. Mas minha futura esposa sempre esquecia a carteira. Depois dessas palavras, "construir juntos", se vocês ainda estiverem se vendo, a próxima etapa é aquela em que sua mulher começa a fazer planos.

Novamente cansados da rotina, os dois decidem partir para algo realmente radical e transformador: o casamento. Um ano depois, cansados da rotina outra vez, vocês resolvem ter um filho. Se nessas alturas você ainda não fez todas as loucuras que queria, agora só na outra encarnação. E se você achou que estava de fato conhecendo sua esposa quando descobriu que ela usava uma calcinha com enchimento, meu amigo, você estava bem enganado. Muita coisa ainda está por vir.

Quando nasce a criança, de uma hora para outra sua senhora se revela e libera todo o potencial de mãe. É como se durante o relacionamento ela fosse uma pessoa comum e, de repente, mostra ser um super-herói. É tanta maternidade que sobra até para você. Ela vai te arrumar um apelido carinhoso, tipo Ursinho, Fofucho, Belucho, ou algo do gênero. Intuitivamente, passará a dizer as mesmas coisas que você ficou anos ouvindo da sua mãe. Do mesmo jeito que sua mãe se preocupava quando você saía de bicicleta na chuva, sua senhora fará o mesmo quando você sair de moto. E de tanto ser tratado como filho, um dia, ao pegar na dispensa um pacote de bolacha doce para comer antes da janta, com aquela ansiedade quase ancestral dos seus tempos de moleque, você olhará sua mulher e perguntará: "Pode?".

O tarado da sala de amamentação

A certeza de que sua mulher agora não passa de uma mãe vem a toda hora e se expressa em atitudes como passar horas no Espaço Família do shopping center.

Espaço Família é uma espécie de esconderijo mocozado num beco do shopping, onde as mulheres se refugiam para dar de mamar aos bebês, trocá-los, bater papo e jogar baralho. Do lado de fora fica a fila de maridos entediados, todos fingindo que estão olhando mensagens no celular ou lendo livros chatos para passar o tempo. E quanto tempo!

Da última vez que minha senhora frequentou o local, entrou às duas da tarde e saiu às cinco. Não é possível que uma criança leve tanto tempo para mamar. A menos que as mães promovam juntas uma degustacão de leite materno e fiquem trocando de bebê para eles experimentarem de tudo. E digo mais: se o bebê ficasse mamando por três horas seguidas, ele sairia de lá com tamanho de três anos, e minha mulher com os peitos caídos de velha.

A entrada da sala de amamentação, com uma recepcionista loira, me provocava fantasias intensas. Como eu, os outros homens da fila deviam se perguntar o que tanto suas mulheres faziam ali dentro. Trocavam receitas, entravam em sites de sacanagem ou simplesmente compravam lingerie de sacoleiras?

Não é possível que uma caverna obscura onde as mães entram para trocar fralda suja de cocô seja um lugar tão agradável para passar a tarde. Um dia não resisti e, antes que um segurança me visse, entrei no Espaço Família fingindo que procurava o banheiro. Assim que a recepcionista loira me viu, ameaçou levantar, mas não teve tempo. Passei pela recepção e empurrei a primeira porta que encontrei. O que vi foram dezenas de mulheres fazendo *topless* e conversando como se estivessem numa sauna. Eu tinha invadido a sala de amamentação. Naquele momento, alguns bebês, depois de terem mamado, olhavam para o nada, com aquela cara de drogados que fazem quando estão saciados. Antes que eu pudesse registrar toda a variedade de seios daquela estranha exposição, uma mulher gritou. Dessa vez não era a minha, mas uma das que estavam na minha frente. Eu não tinha a intenção de invadir aquele clube privado, nem de causar escândalo. Mas, naquela hora em que eu olhava vidrado um par de seios de propaganda de silicone, fiquei sem fala; só fui conseguir me explicar horas mais tarde para um homem alto que me interrogava numa espécie de quartinho de empregada, ainda no shopping.

Convenci a criatura de que eu não queria atacar ninguém, nem exibir meu pênis para as mães. Só queria descobrir o que acontecia naquele lugar. O segurança confessou que tinha a mesma curiosidade, finalmente satisfeita por mim, um desbravador inconsequente, que passou a ser conhecido como o "tarado da sala de amamentação".

Agora que já sei o que acontece no entediante Espaço Família e na excitante sala de amamentação, só posso chegar a uma conclusão: aquele lugar é para as mulheres e seus bebês, um refúgio contra a impaciência, as reclamações e a rabujice de seus maridos, que ficaram desse jeito depois de perder o posto para uma criança.

MAMÃE VAI ÀS COMPRAS. O PAPAI VAI À FALÊNCIA

Sempre imaginei que o mercado de badulaques para bebês e crianças fosse imenso. Uma coisa é imaginar, outra coisa é ver sua esposa o dia inteiro na internet comprando dezenas de traquitanas coloridas e pagando tudo com seu cartão de crédito. De-ses-pe-ra-dor. Olhando o baú do meu bebê, carregado de bonecas que tocam musiquinha, chocalhos que apitam, mamadeiras que acendem e mordedores de mil formatos, eu ficava imaginando:

- Onde minha senhora socaria os trinta objetos que comprava por dia na Amazon;
- Por que, afinal, o bebê precisa de 267 brinquedinhos, se ele ainda nem sabe para que servem as mãos?!;
- O mais irônico vem agora: se o bebê passa a maior parte do tempo fazendo cocô e xixi, comendo e dormindo, a que horas ele ia brincar com todo aquele carregamento que chegaria de Miami?

Minha teoria é que minha senhora, que era consumista de nascença e por mais de dez meses parou de comprar coisas para si, pensando apenas no bebê, agora canalizava sua compulsão direto para a seção infantil da Amazon. No intervalo entre as mamadas, vejo-a na frente do notebook e percebo seu ar de triunfo cada vez que clica no *enter*, finalizando uma compra. São notórios o deslumbramento e o sorriso de psicopata, que vi pela primeira vez quando ela entrou no *free shop* de Nova York.

Depois de meia hora no computador, a tarde de compras on-line já virou uma viagem sem volta. Instintivamente, pego minha humilde calculadora comprada na 25 de Março e passo a fazer contas enlouquecidas, cruzando as datas de vencimento dos cartões de crédito com as somas que minha mulher vai torrando. Enquanto isso, meu bebê observa, talvez imaginando que a mãe, com o computador no colo, esteja trabalhando, fazendo relatórios, mandando e-mails, mas nunca comprando. Seduzida pelas novidades que vão explodindo na tela a cada clique, minha senhora fica surda e perde a noção do perigo. Mas é quando as caixas começam a chegar em casa que ela fica completamente irreconhecível. Outro dia, enquanto abria o último lote que nos entregaram, ficou tão eufórica que perdeu o bebê. Procuramos por meia hora, até ouvir seu choro vindo de uma das embalagens vazias. E o que havia nas caixas antes de pormos o bebê ali? Coisas que nem os marcianos viram. Um microaspirador eletrônico para tirar resíduos do nariz. Um processador que transforma leite de vaca em leite materno. Acessórios para carrinho, saquinhos para congelar leite materno, maquinetas de tirar leite, kit de rodas de carrinho de bebê, uma babá eletrônica em formato de iPhone, uma almofada de gel que simula as condições do útero, bolsas de água quente para micro-ondas, livros que tocam musiquinha, bonecas que tocam musiquinha, mordedores que tocam musiquinha, móbiles que tocam musiquinha.

A lista é bem maior que a de presentes do nosso casamento. O pior é que o único brinquedo com que meu bebê se empolgou até agora foi a embalagem de uma amostra grátis de xampu.

Chama a atenção não apenas a quantidade de coisas para o bebê, mas a diversidade. Outro dia, minha senhora me apresentou uma valise com rodas para transportar bebês. Compramos a *child pack*, como dizem os norte-americanos, que têm a arte de usar nomes descolados para dar dignidade a coisas idiotas. Olhando para a maleta, parece que ali tem um notebook. Mas ao abrir o que encontramos? Uma criança. Desse ponto de vista, o simulacro de valise é excelente, pois permite levar crianças a lugares onde elas não são bem-vindas. Escritórios de multinacionais, por exemplo. Você chega ao local e pede à criança que finja que é uma bagagem. Na hora de amamentá-la, ou quando sua chefe sair para o almoço, você tira a criança da maleta. É muito útil também nas viagens. Posso imaginar a maleta girando na esteira do aeroporto, enquanto meu bebê grita contente achando estar num brinquedo de parque de diversão. Ainda na Amazon, vejo outra invenção que promete resolver nossos problemas sentimentais, espirituais e existenciais: a *eletronic slash*. Disfarçada pelo nome moderno, essa coleira é um prenúncio sombrio de todas as limitações que o bebê conhecerá depois que se tornar adulto. Trata-se de um controlador de bebês que tem a mesma função que tinha o grito da minha mãe na década de 1970: limitar o espaço da criança. Perfeito para bebês que somem debaixo de mesas ou se escondem em armários de arquivos de repartição pública. A coleira monitora até a distância de dez metros. Considerando o tamanho dos apartamentos de hoje, é possível encontrar seu bebê até mesmo quando ele vai parar no vizinho.

Agora que a nossa casa se tornou um *showroom* de produtos da Chicco, sobrou um total de trinta metros quadrados para nos locomover. Logo os brinquedos invadirão a cozinha e a área de serviço, os dois únicos refúgios quando a sensação de claustrofobia se torna insuportável. Nesse dia eu sairei de casa e deixarei o bebê sozinho no apartamento, com seu mundo de traquitanas para criança.

Como viver em família num apartamento de sessenta metros quadrados, sem ter que se transformar num Playmobil

Em casas do mundo inteiro o fenômeno se repete: os badulaques do bebê tomam todo o espaço da casa e os pais têm que se mudar para o guarda-volumes na garagem do prédio. Não imaginamos que nossa casa será tomada pelas tralhas do bebê porque nunca vemos a quantidade de coisas que nossas mulheres compram em surdina na internet. O grande problema se refere a uma questão dimensional: como as esposas compram tudo pela internet e veem apenas fotos minúsculas dos produtos, acham que aquele arsenal de coisas vai caber na sala. Até que as mercadorias chegam e elas dizem: "Não pensei que isso fosse tão grande". Falam isso olhando para o marido, o que significa que você terá de resolver o problema, seja alugando um guarda-móveis ou comprando uma *pick up* e indo morar na caçamba. Como sua senhora aproveitou liquidações, queimas de estoque e *boxing days*, as mercadorias não param de chegar e, por incrível que pareça, são todas indispensáveis, desde a banheira escamoteável até a cadeira de quatro posições feita para o bebê tomar sol sem se queimar.

Com a dramaticidade de uma enxurrada, centenas de bugigangas invadirão sua casa e, então, sua esposa sairá de lá. Por mais magra que ela tenha ficado depois do parto, não haverá mais espaço. Quanto ao bebê, poderá até sufocar em meio a tantos objetos e brinquedos. Resignados, vocês pegarão o bebê no colo e, como uma família de retirantes, fugirão, deixando para trás o passado distante e o apartamento. Partirão sem casa e sem saber para onde ir, mas com uma certeza: a de que nunca mais vão comprar nada pela internet sem antes checar a medida da mercadoria.

NOITES DO

TERROR

As mulheres são naturalmente detalhistas. Mas na fase do delírio, pouco antes de o bebê nascer, a obsessão pelo detalhe atinge proporções revoltantes, o que faz um homem parecer imbecil com sua objetividade. Quando o bebê começa a crescer, as preocupações aumentam, e a mamãe assume um estado de pânico constante. Além dos tradicionais cuidados que uma criança requer (uma lista de cem, aproximadamente), a mamãe zelosa cria outros cem com base na paranoia que desenvolve. Contagiada por histórias trágicas da internet, ela inventa cenários de terror tão realistas que o homem passa a acreditar, de fato, que seu bebê pode engatinhar do berço até a sacada e se jogar do prédio. Ela acredita ainda que, enquanto o casal assiste à TV, o bebê pode deitar de bruços, sufocar e ter uma morte súbita em seu berço. De onde vem esse medo? De malucos que nunca tiveram filhos e escrevem em blogs sobre bebês, semeando seus pavores bizarros num tom terrorista. Contaminada pela síndrome do terror, no auge de uma insana busca por precauções, sua esposa vai chafurdar em todo o universo virtual e achar as mais bizarras recomendações e os mais estranhos medos. Se você é pai (ou se mesmo depois de ler isto você ainda pretende ser), não estranhe:

- Se sua mulher acordar quatro vezes na mesma noite para se certificar de que o bebê de cinco meses não teve morte súbita por estar dormindo com a cara contra o colchão;
- Se sua mulher berrar na sala, dizendo que viu um bicho querendo atacar a criança. O bicho, que ela descrevia como sendo do tamanho de uma pipa, era na verdade um pernilongo sobrevoando a varanda;

- Se sua mulher encadernar as bulas dos remédios que seu filho toma, tomou ou vai tomar, e ler aquilo como um livro antes de dormir;
- Se sua mulher comprar aparatos sofisticados para garantir a segurança do bebê, como *miniairbags* para a cadeirinha que vai no carro;
- Se sua mulher mandar para você links diários com o texto "nova tática de assalto a bebês";
- Se sua mulher resolver colocar um chip no bebê;
- Se sua mulher pedir a funcionários da Cruz Vermelha para irem à sua casa num sábado dar aulas de primeiros socorros para bebês;
- Se sua mulher colocar no carro o adesivo "bebê a bordo" em 3D, cobrindo todo o vidro de trás;
- Se sua mulher colocar Insulfilm em todos os vidros da casa para o sol não incomodar o bebê;
- Se sua mulher quiser se mudar para uma cidade onde não tenha sol;
- Se sua mulher pedir um atestado de antecedentes criminais à nova babá;
- Se sua mulher assistir dez vezes ao filme *A mão que balança o berço*, só para conhecer todas as crueldades que uma babá pode praticar e saber se defender na hora certa.

O cuidado excessivo não tem limites. Pode durar até o seu bebê fazer um ano, ou até ele fazer três. E aí, papai, você, por contaminação, também se tornará um senhor medroso e tão precavido que deixará de viver. O mais irônico de tudo é que, em muitos casos, o bebê cresce e acaba se tornando um explorador que roda o mundo em busca de perigo; pode abraçar profissões como dublê, paraquedista da Força Aérea, policial do Bope ou mesmo entrar para a Legião Estrangeira. Aí, aos pais e mães cuidadosos só resta uma opção: orar.

O mais traumatizante da fase dos cuidados é a lista de precauções altamente abstratas que sua mulher criará. Como pensar que existem três bicos de mamadeira diferentes e que você tem que escolher um? Como saber que a temperatura do leite na mamadeira está ideal quando você o despeja na mão e não sente nem frio, nem quente? Como saber que essa peça de roupa infantil que você segura com ar de interrogação é um vestido de verão, e não uma camiseta ou um babador? Essas e outras pegadinhas estarão na sua casa para testá-lo dia e noite. Por isso, a fase dos cuidados é decisiva para você saber se fica ou não com a sua mulher.

Para demonstrar a veracidade do que estou falando, registro aqui o momento de tensão pelo qual passou um MNI (marido não identificado), que deu seu depoimento:

"Minha esposa tinha feito uma lista de cinquenta cuidados que eu precisava tomar com a criança. Cheguei a estudar a lista quando tinha uma folga no trabalho ou quando estava no trânsito. Mas ela crescia a cada minuto e eu recebia no celular mensagens em série da minha mulher, anunciando as novas regras e cuidados. Sabia que era impossível decorar tudo aquilo e me lembrar de tudo na hora certa. Mas ainda assim estudava. Dias depois, minha mulher não tocou mais no assunto e eu achei que ela tivesse esquecido. Um dia, enquanto almoçávamos fora, comemorando nosso aniversário de casamento, ela começou a perguntar sobre os cuidados com o bebê. Descobri logo que estava fazendo uma 'chamada oral'. Nervoso, respondi tudo errado, fui reprovado, fiquei sem sobremesa e ainda ouvi o jargão: 'Quer se separar?'.”

Pensando nos papais, criei um método para saberem exatamente o que suas mulheres esperam deles. Entrevistei mães que falam enquanto estão dormindo e, direto do seu inconsciente, cataloguei alguns dos cuidados mais importantes para com o bebê.

Cuidado para o seu bebê não desaparecer

Até o primeiro mês, bebês são bem pequenos, quase portáteis. Com 48 centímetros, um pouco mais que um controle remoto, meu bebê caberia fácil numa sacola de feira ou até numa mochila. Já fiz o teste. Tirei fotos dele dentro de gavetas, de maletas de viagem, de um baú, dentro de uma bolsa de mulher, dentro de um *minifreezer* desligado. Isso prova o quanto é fácil fazer um bebê recém-nascido desaparecer. Pensando no problema, instalei dez babás eletrônicas com câmeras pela casa, que é o melhor jeito de encontrar o bebê na sua cama antes de deitar em cima dele.

Cuidado para não acordar o bebê

Segundo minha senhora, qualquer coisa pode acordar o bebê. Assim, depois que ele dorme, o silêncio tem que ser total. Abaixamos o volume da TV e só vemos as imagens, tentando intuitivamente adivinhar o que está acontecendo no filme ou na novela. Deixamos os telefones no vibra e, quando atendemos, falamos por mímica. Conversamos um com o outro por e-mail, e nessa espécie de brincadeira silenciosa também não vale espirrar.

Essa restrição me custou caro. Tive que alugar o apartamento do lado e transformá-lo num refúgio do espirro. Não acredito que um espirro vá acordar o bebê, mas minha senhora acredita. Também não podemos caminhar pela casa, pois isso acorda o bebê. Andamos rastejando como duas centopeias humanas e é assim que abro a geladeira e pego o leite da noite. Mijar antes de dormir, nem pensar. O mijo caindo no vaso equivale ao som de uma cachoeira, considerando a sensibilidade do ouvido do bebê. Volto a usar o apartamento vizinho. De madrugada, quando acordo para mijar, me sinto um louco saindo da minha casa, abrindo a porta do número 14 e entrando. É a lei do silêncio, que nos obriga a andar com passos de espuma, pegar com mãos de veludo e peidar para dentro. Com a meticulosidade de um fiscal, minha senhora se certifica de que após as 21:00 horas nossa casa vire um templo silencioso. Só quando conseguimos ouvir com perfeição a leve respiração do bebê no berço temos certeza de que o silêncio foi suficiente. Um silêncio de segredo hipersecreto, de que nem os mudos são capazes e em meio ao qual os cegos não podem se orientar.

Cuidado para o seu bebê não virar um zumbi

Já faz algum tempo que eu e minha senhora acompanhamos o desenvolvimento do nosso bebê pelo site Bebê Bacana. É impressionante a doçura com que falam de coisas dramáticas, como a troca da fralda repleta de cocô que se espalha pelo quarto enquanto o bebê mexe as pernas e aproveita para mijar na nossa cara.

Nem mesmo diante das maiores tragédias, o site perde a linha. Narra uma febre do recém-nascido com a delicadeza de uma fábula e levar o bebê às pressas para o hospital dentro de uma sacola de viagem como se fosse um passatempo de férias. Depois de 13 meses, achei que tivesse lido tudo, até que outro dia o site anunciou que alguns bebês passam a noite dormindo de olhos abertos.

Na vida real, só posso imaginar tal cena se o bebê estiver em estado de choque. Não contente com esse alarme, o site prossegue: "Sim, dormir de olhos abertos, como um zumbi, é comum em bebês e não faz nenhum mal". Comum em que bebês?! Os de filme de terror? Sei que é cruel, mas desde o dia em que li esse absurdo fico imaginando minha "fofuzinha" dormindo e sorrindo no berço, com os olhos bem abertos, me desafiando com aquela expressão maligna do bebê de Rosemary. Insatisfeito em apavorar os pais nesse nível, o site continua: "Se você fica assustada por ver seu filho dormindo assim (com os olhos abertos), experimente fechar os olhos dele com cuidado, para não acordá-lo". Como se o bebê fosse um defunto! É a bizarrice no "úrtimo", meu Deus do céu! No final aconselham a mamãe a falar com o pediatra "se o filho passar muitas horas dormindo de olhos abertos". Eu falaria direto com o psiquiatra, porque, depois de presenciar uma coisa dessas, qualquer um enlouquece. Mas você, papai, conseguirá se controlar. Se um dia encontrar seu bebê dormindo de olhos abertos, faça de conta que é só um daqueles bonecos de curso de gestante. Finja que está num filme de terror, saia do quarto do bebê e minta para si mesmo que sonhou com tudo aquilo.

Cuidado para não dormir em cima do seu bebê

Não que alguém vá usar a criança como travesseiro, mas o fato é que muitas mamães, achando que o berço é uma prisão perigosa e cruel, trazem o bebê para a cama do casal. O papai, sempre descuidado, esquece que ali tem um bebê e, ao se mover na cama, joga seus braços sobre a criança de forma que a axila suada fica em contato com o pequeno nariz. Isso pode causar pesadelos. O bebê sonha que está morrendo afogado no esgoto e acorda. Acontece também de o papai e a mamãe esquecerem do bebê e virarem um de costas para o outro. Sem querer, espremem o bebê, que sonha estar sendo esmagado e acorda. Outro risco é o papai ou a mamãe puxarem o edredom, cobrindo o bebê por completo. Isso pode causar pesadelos. Ele sonha que está entrando num forno escuro, que vai ficando cada vez mais quente, até sufocá-lo, e acorda. Se você quer ver seu bebê em segurança, nunca o leve para a cama do casal. Faça aulas de contorcionismo e durma com ele no berço.

Embora a lista de cuidados seja imensa, ainda não é suficiente. Bebês, mesmo novíssimos, também apresentam problemas. E às vezes precisam de revisão. Nessa hora, consultamos o mecânico, ou melhor, o pediatra. O problema das visitas mensais ao pediatra não é só o fato de serem marcadas sempre às 15:00 horas, mas o preço da consulta. Eu, que sempre achei um absurdo o que as garotas de programa cobravam, descobri que caro mesmo era pagar aqueles mesmos 350 reais pra ficar meia hora vestido, trancado numa sala diante de um cara de barba, junto com minha esposa e ouvindo choro de bebê. Eu é que devia receber por fazer uma visita ao pediatra. Isso já não acontece em uma visita a uma garota de programa: você é recebido num flat, e não em uma sala apertada; fica diante de uma deusa, e não na frente de um velho de barba; passa meia hora se divertindo, e não carregando bebê-conforto. Se eu fosse solteiro seria quinzenal, mas sou pai e pago as consultas do bebê.

MEU BEBÊ FOI PARA A UTI E A SEXTA FOI PARA O SACO

Desde que nasceu, antes mesmo da bronquite, da suspeita de pneumonia e do risco de asfixia, meu bebê tem sido tão bem assessorado quanto um estadista com câncer. Mas toda essa atenção preventiva ainda é pouco. Quando você acha que já passou por tudo, chega a hora de levar o bebê ao hospital. O mais angustiante dessas idas ao pronto-socorro é o desespero da minha senhora.

Mulheres são dramáticas (o Almodóvar que o diga) desde o tempo das cavernas. Berram com a mesma intensidade quando se deparam com uma avalanche e quando veem uma barata. Agora imagine esse berro potente vindo de sua esposa ao descobrir que o bebê está péssimo e que ela não faz ideia do que ele tem. A qualquer momento isso pode acontecer, e esse grito virá pelo telefone. Ao ouvir sua senhora do outro lado da linha, seja solidário e finja que entrou na pilha dela. Largue tudo o que estiver fazendo. Se estiver na clínica de massagem e o serviço for muito caro, leve a massagista junto para terminar no caminho. Se estiver no trabalho, suma como quem teve uma disenteria e pegue o elevador mais próximo. Em seguida, pegue um táxi. Atenção: você não terá condições para dirigir nem se seu carro for automático, porque sua esposa vai ficar ligando a cada dois segundos, informando um quadro de saúde cada vez mais horroroso.

Chegando ao hospital, sua mulher estará na porta, segurando o bebê. Ela é aquela moça com uma criança enrolada em tantos tipos de manta e cobertor que parece um mostruário de tecidos de inverno. O bebê estará chorando, muito mais assustado com a reação da mamãe do que com a doença em si. Ou você acha que uma criança de seis meses sabe que é vítima de um rompimento vasopulmonar de intensidade tripla? Sua mulher também não, mas quando souber, a gente espera que o médico receite Rivotril para ela.

Socorro! O atendimento de emergência tem senha

Logo depois do telefonema da sua mulher, você estará na sala de emergência do hopital. Você está tão aflito que nem chega a sentar. Se você imagina que será atendido por uma enfermeira de plantão no corredor, prepare-se para manter a calma. Ao contrário do que se espera num pronto-socorro, o socorro não vem na hora. A única coisa pronta ali é a cadeira em que você vai esperar sentado.

Pense que o momento não é mais de exaltação, mas de comunhão. Assim como o seu, diversos outros bebês esperam a vez para serem atendidos. Assim como você, outros pais também foram pegos de surpresa e estão atarantados, com a gravata frouxa, uma fraldinha suja empanando o brilho do terno e a expressão acabada de quem viaja num ônibus cheio.

Sempre achei que pronto-socorro fosse formado por uma equipe que aguardasse em pé o paciente em estado crítico, que seria levado numa maca ou no colo até a UTI mais próxima. Mas não é nada disso. Nem sei por que pronto-socorro tem esse nome. Antes de chegar à sala do médico, você passa por um *valet,* pega um elevador, sai num corredor suspeito, quebra aqui, quebra ali, sai num pequeno labirinto e, deste, desemboca numa porta enigmática. Só então, depois de tempo suficiente para morrer no meio do caminho, você dá de cara com uma sala repleta de pessoas desanimadas. O quadro geral é tão desolador que não se sabe quem é paciente e quem é acompanhante. Muitos doentes ficam com o saco tão cheio de esperar que até desistem de passar mal. O importante é que essa atmosfera de sala de espera abandonada neutraliza o pânico das mamães. De repente, elas já estão trocando informações sobre os filhos como se de fato esquecessem o porquê de estarem ali. Nessa hora, você, papai, vê que a coisa não é tão grave assim e que pode continuar olhando seus e-mails no iPhone sem ser incomodado. Com a senha na mão há mais de uma hora, você já perdeu qualquer esperança de ser atendido com a eficiência de trocadores de pneu da Fórmula 1. Seu bebê dormiu, mas também pode ter desmaiado. O que importa? Vocês agora estão num hospital e, haja o que houver, serão socorridos a tempo.

O melhor lugar para passar mal é o hospital

Esta segunda etapa de seu passeio começa depois de duas horas de espera. Sua mulher, aquele pequeno arauto de tragédias que anuncia uma gripe aos gritos de "salve-se quem puder", também sossegou o facho e lê (pasme!) uma revista de moda. Quando uma mulher de qualquer idade ou classe social abre uma revista de moda, é certo que ela vai atingir um patamar de bem-estar emocional e espiritual que dispensa qualquer tipo de atenção ou cuidado. A mulher e a revista de moda em pouco tempo se tornam uma. Ou você achava que essa simbiose fosse acontecer com você, mero marido? Embora ainda segurando o bebê no colo, sua mulher deixa escapar um riso de devaneio de quem finalmente achou o vestido que uma hora você terá que parcelar em dez vezes no cartão. Bom, pelo menos vocês estarão mais tranquilos para a próxima fase deste videogame ao vivo.

Sorria, você está sendo chamado

Finalmente chamam sua mulher, você e o bebê juntos, mas isso não significa que serão atendidos.

Ainda assim, você toma a frente e entra seco na salinha enigmática onde espera encontrar um médico. Mas não; ali é só para fazer a triagem, espécie de "enrolation" para distrair os pais mais aflitos na ausência de um serviço de chá com bolachas.

Pode reparar: todos os pais saem da triagem com uma expressão decepcionada, como quem diz: "Esperei tudo isso para chegar aqui?". Revoltados, agora você e sua senhora chutam o balde e vão comer um salgadinho de vinte reais na lanchonete do hospital. Precisavam mesmo de alguma recompensa depois das últimas horas de incerteza e estresse. Não contente com a coxinha, você aproveita que o vale-refeição da firma está carregado e pede também uma cerveja. Por alguns instantes, pode se iludir e pensar que está num barzinho. Até que ouve, como um brado de censura, o nome completo do seu bebê no alto-falante do hospital. "Somos nós", sua esposa diz. Essa frase detona outro momento na sua excursão.

Os malucos do hospital

É mais ou menos o mesmo desespero do turista que visita algum monumento nos confins de uma cidadela do Nordeste e, de repente, percebe que o ônibus da sua excursão está indo embora sem ele. Com uma mistura de pressa e gana, os três (sua senhora, o bebê e você) correm loucamente e entram na primeira porta de elevador que encontram aberta. Enquanto sobem, continuam ouvindo o nome do seu filho sendo repetido como um mantra. Aflitos, finalmente chegam à salinha do médico. Este os recebe quase gargalhando, depois de ter acompanhado sua corrida desesperada pela câmera do circuito interno do hospital. Ele ri mais um pouco e gentilmente se desculpa: "Faço três plantões na sexta. Tenho que me divertir com alguma coisa".

Agora sentado na cadeira, você finalmente relaxa e então percebe que, apesar de tudo, continua com sua cerveja na mão. Toma de uma tacada e lamenta não portar também um delicado cantil de bolso cheio de gim. Vem, então, a parte mais surreal do passeio. Depois de uma trajetória de pesadelo rumo ao hospital, depois de inúmeras suposições bizarras sobre a doença do bebê, tudo o que o médico faz é usar o estetoscópio e ouvir o coração da criança. Em seguida, examina rápido o ouvido e a garganta. Isso até você podia fazer em casa. Bastavam um palito de sorvete e um estetoscópio de brinquedo do eBay. Sorrindo, o médico entrega a criança dizendo: "Está tudo bem, mas, para garantir, vou pedir um raio X".

Xerox de bebê

Se até esse momento de sua excursão você não se divertiu, nem viu nada que merecesse uma foto, chegou a hora. Ao entrar a sala do raio X você se verá num cenário de filme de ficção científica. Pode até tirar fotos daquele maquinário e dizer que era uma atração da Disney. O mais incrível começa quando a coisa passa a funcionar. Vestindo um avental antirradiação e uma touca de amianto, você deverá segurar o bebê, que usará um traje parecido. Sobre uma mesa estranha que mais lembra um túnel do tempo, você segura a criança seguindo as instruções do técnico. Com tudo pronto, esse cara e sua senhora subitamente desaparecem atrás de uma cortina para não serem aniquilados pela radiação. O que acontece em seguida é digno de fotos. Pena que suas mãos estarão ocupadas. Diversas luzes começam a piscar. A mesa onde o bebê se encontra começa a se mover como uma máquina de xerox enlouquecida. Enquanto isso você segura firme a criança, para ela não sair rolando tubo adentro. Somam-se a isso barulhos estranhos que lembram a música *Echoes,* do Pink Floyd. E, como não podia deixar de ser, o choro desesperado do bebê.

Se o problema dele era só nariz entupido ou vias aéreas obstruídas, depois desses berros estará curado. Mas talvez seja algo mais grave, coisa que você só saberá na etapa final da sua excursão pelo pronto-socorro.

Era só isso?

Com uma cara cansada de quem precisa urgentemente de consolo, você e sua senhora entram na sala do mesmo médico que os recebeu rindo. Ele continua com a expressão de Buda humorista, dizendo que já tem o diagnóstico. Em seguida, para tudo o que está fazendo, dando a vocês o direito ao suspense. Ele olha a chapa de raio X, ri com a suavidade de uma tempestade que termina e diz: "Está tudo bem com o bebê. Ele teve apenas uma reação à mudança brusca de tempo". O remédio? Pingar umas gotas de soro em seu nariz.

Ou seja, depois de gritos histéricos da sua mulher, humilhações em público, correria desvairada, gastos com estacionamento, delírios hipocondríacos, todo o problema se resolveu com um pouco de água com sal! Sua mulher sorri tão tranquila que, por um momento, você pensa: ela vai desmaiar. Mas não. Continua de pé. Perto das seis da tarde, agradecidos por aquela sexta que terminou tão bem, vocês então resolvem se recompensar como merecem. Vão a uma churrascaria.

DICAS PARA CONQUISTAR MULHERES: USE SEU BEBÊ

Ainda não inventaram nada melhor que bebês para homens com mais de trinta anos se darem bem com a mulherada. Esqueça encontros bregas de solteiros, esqueça viagens para conhecer mulheres carentes, esqueça o mico dos sites de encontro. Se você tem mais de trinta anos e quer conhecer outras mulheres, saia com seu bebê. Mas atenção: NÃO LEVE SUA MULHER JUNTO.

Bebês são um ótimo chamariz para as mulheres se aproximarem do papai. Se eu soubesse disso aos vinte anos, teria sido pai aos 15. Nessa época eu ainda ia para a balada e lançava as cantadas mais vergonhosas para conseguir mulher. Fracassei tanto na tarefa que minha mãe teve pena de mim e me apresentou a minha esposa. O *briefing* foi o seguinte: "Ela é decidida, independente e ganha 5 mil reais por mês". Casamos.

Hoje, três anos depois, descubro ironicamente que não preciso fazer força para conhecer outras mulheres. Saio na rua empurrando o carrinho de bebê e sou parado em cada esquina. As mulheres me rodeiam, fazem perguntas, riem, brincam com o bebê, sem fazer ideia dos pensamentos de orgia que passam pela minha cabeça.

A melhor hora para passear com o bebê é antes das 8:00 horas. Por que o sol ainda está suportável? Não, porque é quando as alunas da Faap estão chegando para a primeira aula. Se não der para ir às oito, vá no intervalo ou ao meio-dia. Se não valesse a pena, eu jamais sairia empurrando um carrinho de bebê da Vila Mascote até o Pacaembu.

As primeiras vezes em que fiquei na frente da faculdade foram por acaso. Ao sair, a onda de mulheres de vinte anos cercou o carrinho do bebê e começou a fazer perguntas. Então, quando perguntarem quantos meses tem o bebê, dê seu telefone. Se perguntaram se ele ainda mama no peito, dê seu e-mail. Se perguntarem se ele já engatinha, passe seu Facebook.

Você ainda pode perguntar se alguma delas não gostaria de levantar uma grana e fazer um bico de *baby sitter*. Não precisa nem de experiência. Eu ensinaria tudo. Ouvindo isso, algumas deram risada e foram andando. Como até hoje não sei se aquilo foi um "sim", continuo perambulando com o bebê. E o melhor é que você pode tentar isso não só em faculdades, mas em salões de beleza e clínicas de estética. Então, ainda não me dei bem como eu queria, mas você, homem solteiro, careca e sem esperanças, ainda tem chance, mesmo que não tenha um bebê. Basta aderir a este novo serviço:

Aluguel de bebês para conquistadores baratos

Depois de comprovar o quanto a mulherada aprova um cara que sai na rua levando seu bebê junto, criei este serviço para homens que já tentaram de tudo. Finalmente, aqueles caras sem charme, sem cabelo e sem chance conhecerão alguém sem apelar para cantadas ridículas nem fingir que sabem dançar.

O sistema é simples. Esses bebês, deixados na creche por mães que trabalham, seriam alugados duas ou três horas por dia para homens à procura de mulheres. Bebês que dão risadas engraçadinhas seriam mais caros, pois chamam mais a atenção. Considerando a economia de tempo e dinheiro na balada, os trezentos reais do serviço não seriam nada. Principalmente se um gordo com visual de aposentado conseguir uma "princesa". Ao contrário do que acontece nos bares, você, homem solteiro, não precisaria mais encher a cara para tomar coragem. Também não precisa de *approach,* perfume nem de roupa chique. Os encontros aconteceriam sempre de dia, o que é mais um diferencial do aluguel de bebês.

Para conseguir resultados melhores, os homens podem ir para o interior. Ali, as mulheres são em número maior e passam mais tempo ao ar livre. No interior, ou você passa o dia dentro de uma piscina, tomando cerveja gelada, ou se tranca num quarto com ar-condicionado. Se você não tem nem esta segunda opção, resta se refugiar no shopping. Lá, empurrando seu carrinho com o bebê alugado, você conhecerá as mulheres casadas mais excitantes da cidade.

Em cidade do interior, bebê vira atração turística. Percebi isso em São José do Rio Preto, ao entrar numa padaria. Todas aquelas pessoas que nunca vi me cercaram. Achei que fosse um arrastão, mas, como não estava no Rio de Janeiro, me tranquilizei. Os desconhecidos me olhavam com um riso de esperança, como se eu fosse um messias, e observavam meu bebê como se a criança fosse um ET. Será que não tem nascido mais ninguém naquela cidade?

Foi o que pensei quando outras pessoas, atraídas pela multidão ao meu redor, foram entrando na padaria para ver o que estava acontecendo. Reunidos em torno do carrinho eram mais de 15, que instintivamente faziam uma fila. Assustado, não tive nem mesmo a ideia de cobrar pela atração. Em pouco tempo me transformei num refém da simpatia pública.

Uma velha religiosa olhou o bebê simulando uma feição dramática. Rezou sobre a sua cabeça, enrolou um terço no carrinho e saiu, como se fosse uma aparição.

Certos de que eu estava adorando o movimento, os curiosos continuavam rindo. E vindo. Quando o que eu mais queria era que meu bebê chorasse, ele riu. Para quê? A assistência se animou; uma senhora mais comovida sentou no chão e começou a contar uma história. Além de isca para mulheres, bebês têm outras utilidades que eu nunca tinha reparado:

- Bebês são excelentes para evitar que você seja parado numa blitz. Jamais um policial vai imaginar que um sujeito com essa cara de pai, essa camisa de pijama e transportando um bebê esteja infringindo alguma lei de trânsito;
- Bebês também comovem homens e são ótimos para quando você precisa pedir empréstimo, seja na família, seja fora dela. O simples fato de seu futuro credor imaginar que aquela coisa fofa pode passar fome, fará ele abrir a carteira;
- Só mesmo empurrando um carrinho de bebê você consegue apelar para a gentileza da raça humana. Sorria, agora você é livre para furar filas de banco, sentar nos assentos preferenciais, escapar da revista em aeroportos e ser o primeiro a entrar no elevador do shopping center.

Todas essas máximas valem também para o exterior.

Eu e minha senhora fomos a Buenos Aires e conseguimos vários favores. No hotel precisamos de um *late check out* e nos deram cinco horas a mais.

Numa das trocentas lojas que minha mulher visitou, apresentamos o bebê e ganhamos no ato um desconto de 70%. No supermercado acharam nosso bebê tão fofo que a compra saiu de graça.

No metrô de Buenos Aires, pela primeira vez eu vi, na prática, alguém respeitando o assento para deficientes. Ao ver minha mulher, eu e o bebê quase neutralizados pela multidão de passageiros, algo comovente se deu. Uma vovó com um andador e seu cachorro de 28 anos saiu do banco e nos deixou sentar. Até o momento de nossa descida, fiquei segurando a vovó para ela não desmoronar. O cachorro deve ter morrido, porque, ao sairmos do vagão, ele não se mexeu.

FELIZ ANIVERSÁRIO.

PARA O MEU BEBÊ
OU PARA MIM?

Como se não bastasse amolecer os corações urbanos, fazer valer as leis de cidadania e atrair mulheres, bebês têm mais uma utilidade: dominar pessoas durante eventos sociais. Como vemos no relato:

"Sempre que eu ia a festas queria chamar a atenção, mas nunca conseguia. Tinha inveja do tipo decidido e confiante que chega aos eventos falando alto e cumprimentando todos, como se lançasse sua candidatura. Fiz cursos de teatro, curso de oratória, aula de canto, mas nunca tive talento para conquistar multidões e entrar em qualquer local sem sentir vergonha.

Na adolescência, nunca entrei em lojas de grife, pois achava que devia pagar ingresso para isso. Em fotos em grupo, instintivamente me escondia atrás de alguém mais alto para desaparecer.

O tempo passou, casei, tive filho e continuei o mesmo. Outro dia, entrando num salão de festas lotado, me encolhi e fiquei corcunda, como sempre faço diante da sensação de que serei engolido. Eu estava com meu bebê e, em pouco tempo, sem que eu desse um piu, me tornei uma figura popular. Quando vi, estava no meio de um grupo de mulheres explicando as diferenças entre os tipos de fralda que existem no mercado. Não demorou muito para eu me ambientar e sair falando abobrinhas sobre bebês, como se desse uma palestra. Todos acreditaram que eu colocava o bebê na minha mochila para levá-lo ao supermercado. Acreditaram que, para evitar que ele rolasse da cama, eu o deixava numa gaveta da cômoda enquanto atendia o celular. Acreditaram ainda que, em vez de bonecas de pano, eu dava uma boneca inflável para meu bebê ficar brincando.

Agora que sei tudo que um bebê pode fazer por um pai envergonhado e medroso, lanço a dica. Antes de ir à sua próxima festa, faça o seguinte:

- Pegue um bebê emprestado;
- Leve o bebê ao evento como se ele fosse seu filho;
- Chegue à festa sem alarde, mas faça com que na sua passagem pelo ambiente todos notem o bebê;
- Na hora da refeição do bebê, sente-se numa poltrona bem no meio da passagem, para conseguir ser visto. Em seguida, passe a dar a refeição do bebê ali mesmo.”

Existe receita melhor para chegar a um evento social e ganhar popularidade em menos de vinte minutos? Mas, atenção, essa dica só vale para homens solteiros e sem filhos.

Há, no entanto, pais e mães que, por idealismo ou fé, acreditam que podem comemorar um aniversário de criança e se divertir ao mesmo tempo. Sempre achei festas de um ano do bebê uma coisa *nonsense*. Bebê não tem amigos, não bebe, não dança, não sabe o que é comemoração, não tem vida social e já ganhou tanto presente quando nasceu que ainda não teve tempo de abrir todos. Só posso deduzir que essa festa de um ano seja para os papais. Depois de 52 fins de semana sem balada, sem sair de casa, aproveitando só as cenas interrompidas de um filme no DVD, o que a mamãe e o papai mais querem é enfiar o pé na jaca. Por isso convidam tanta gente. Para os convidados se revezarem tomando conta do bebê, enquanto eles enchem a cara. É impressionante a desenvoltura com que dançam na pista improvisada do bufê infantil. Depois de um ano de sobriedade forçada, uma dose de uísque faz o efeito de um copo de absinto. E agora, eles se divertem naquele playground coberto, onde a maioria das pessoas bebe cerveja quente e olha o relógio.

O aniversário de um ano do bebê é, na verdade, um ritual em que o papai e a mamãe comemoram a primeira etapa de sua anistia. Não que estarão totalmente livres nos próximos anos, mas sabem que o pior já passou. E eis que toca no alto-falante a música *Plunct plact zum*, que o bebê não faz ideia do que seja, mas que chega a emocionar os pais, que choram de alegria e ao mesmo tempo de tristeza ao lembrar como eram felizes naquela época em que só mijavam, cagavam, comiam, choravam e sorriam. Hoje restam alguns lampejos de euforia, como a festa de um ano do bebê, que eles levam a sério assim como as *raves* na adolescência. O único problema é que os pais comemoram sozinhos. Basta olhar em volta para ver que os convidados estão ali por consideração ou por pena. Tirando os falidos, que não têm um puto para sair e ficam esperando alguma festa para beber de graça, os outros 90% estão lá porque não têm nada para fazer no fim de semana. Mesmo quem nunca teve filho sabe o quanto é importante acompanhar o casal de amigos na data de sua anistia. Então, aparecem com um presente barato, respiram fundo e comem a primeira coxinha fria.

Bufê infantil. Pague para entrar, reze para sair

Se você e sua senhora estão comemorando o primeiro ano do bebê, seus amigos também vão comemorar os aniversários dos filhos deles. Festa, que em um tempo bem distante foi motivo para esperar o sábado, agora é motivo de desespero.

E quanto mais você tenta fugir desse evento chato, cheio de criança gritando, onde bebe cerveja quente interagindo com gente que nunca viu, mais esse evento o persegue. Pelo menos umas 15 vezes por ano. Pais experientes, porém, vão apenas a duas festas de criança a cada 365 dias, ficam pouco, conseguem cerveja gelada vinda de um estabelecimento vizinho que vende *sushi*, exibem uma cara boa e ainda distribuem cartões de visita. No final, somem na nuvem formada pela máquina de fumaça.

Para desenvolver esse dom é preciso ter frequentado ao menos umas trinta festas de criança. Ou você acha que tanta ousadia e brilhantismo vêm sem esforço? Pode reparar que esses casais mágicos que entram e saem de bufês infantis como se nada tivesse acontecido têm no semblante marcas do sofrimento pregresso.

Quanto a você, isca fácil dessas festinhas onde só a terceira idade se diverte, resta apelar para um arcabouço de desculpas, que pode incluir: visita a algum parente hospitalizado, indisposição (o coringa das desculpas), sumiço, trabalho voluntário, falta de GPS para encontrar a localização do bufê.

Como se não bastassem as festas de sábado, têm ainda as festas na escola. Só na classe do meu bebê são, ao todo, dez crianças, e duas fazem aniversário no mesmo mês. Minha sorte é que dois bebês nasceram em janeiro. Vão ficar sem presente, azar o deles. Já tentei enganar as coleguinhas do meu bebê com brindes do McDonald's ou chaveiros promocionais, mas fui pego em tempo. Minha esperança era recuperar o investimento quando meu bebê fizesse um ano, mas o que ele ganhou foi risível: sabonetes de personagens, miniembalagens de xampu e presilhas para cabelo. É muita cara de pau!

SÓ TEM UMA COISA PIOR

QUE SERVIR
NO EXÉRCITO:
SERVIR AO BEBÊ

Dizer que bebê dá trabalho não é força de expressão. Eu, por exemplo, desde que minha filha nasceu, me tornei empregado da minha senhora. Como vivo de escrever, meu trabalho consiste em pensar, mas, toda vez que me vê pensando, minha senhora acha que eu não estou fazendo nada. Nas últimas vezes em que me pegou em alfa, eu estava justamente imaginando um jeito de trabalhar menos para ela e mais para mim mesmo!

Quando se trabalha para uma mulher e para um bebê, você nunca recebe, não tem hora extra, não tem sábado, não tem domingo e não tem limites. Para piorar as coisas, seu único colega de trabalho é sua mulher. E não resta nem o consolo de esperar o fim de semana. Hoje espero ardentemente a segunda e a quarta-feira, os dias em que a empregada vem.

O pior de ser um empregado da sua mulher é que essa categoria ainda não é reconhecida e não tem um sindicato. Já pensei em algo tipo um SINDIPAI para defender nossos direitos, que, aliás, até existem na prática, mas ninguém respeita. Em todo caso, segue a lista:

- Todo pai tem o direito de beber todo dia, nem que sejam pelo menos umas duas cervejas;
- Todo pai tem o direito de falar com um amigo ao telefone, nem que seja um minuto por semana;
- Todo pai tem o direito de passar no supermercado para comprar uma cerveja quando sai para comprar fraldas para o bebê;
- Todo pai tem o direito de comprar o melhor lançamento de filme do canal *pay-per-view* ou assistir ao jogo quando a mulher sai para encontrar as amigas e o deixa cuidando do bebê;

- Todo pai tem o direito de trabalhar na sua carreira ou profissão nem que seja quatro horas por dia;
- Todo pai tem o direito de extravasar pelo menos uma vez por mês, mesmo que isso traga problemas;
- Todo pai tem o direito de encontrar com os amigos e praticar algum esporte, nem que seja sinuca;
- Todo pai tem o direito de jogar videogame e imaginar que os avatares do jogo são sua mãe e sua esposa brigando;
- Todo pai tem o direito de proclamar seus direitos sempre que tiver alguém para ouvi-lo.

Mesmo envolvido no turbilhão de ocupações intermináveis com o bebê, por um bom tempo tentei manter minha fé, certo de que uma hora o trabalho diminuiria. É o que acontece nas firmas. Quando pensamos que não vamos mais aguentar, de repente a maré de *jobs* abaixa e podemos voltar para o Facebook.

Gostaria muito que o SINDIPAI descobrisse o quanto somos explorados. Embora no contrato de casamento conste que vamos desempenhar apenas a função de marido, desempenhamos também a de pai. Temos, assim, não só que amar e respeitar, mas trocar fraldas, cantar com voz de pato, dançar na frente do bebê, preparar mamadeiras, praticar atividades simultâneas como esquentar a mamadeira, vigiar o bebê e muito mais. Isso sem falar nas habilidades circenses que temos de desenvolver.

Aos 18 anos escapei do Exército, mas algo sempre me disse que eu não sairia ileso dessa, e agora a coisa aconteceu. Tenho que servir ao bebê.

Já faz algum tempo que não me concentro em uma só tarefa, a menos que fuja para a Starbucks e fique foragido ali por algum tempo. Almoço enquanto minha mulher segura o bebê. Seguro o bebê comendo a sobremesa, enquanto minha mulher almoça.

Quem trabalha para o bebê nunca tira férias

Depois que o bebê chegou não temos mais aquela coisa chamada "tempo para a gente". Eu e minha mulher não fazemos a barba desde o mês retrasado. Também não saímos mais para fazer compras; compramos só pela internet. Diversão é outra coisa que não sabemos mais o que é. Já faz uns quatro meses que eu e minha mulher não vamos ao cinema. Vemos trechos de filmes pelo Youtube ou no DVD. Nos últimos meses assisti a metade de *Se beber não case 2*, à primeira cena de *Torrente de paixão*, a 15 minutos de *American pie 3* e mais de dez traillers. Todos os filmes têm o mesmo final: acabam quando meu bebê começa a chorar.

Para permitir que os pais assistam o bebê e ao filme ao mesmo tempo, um shopping center criou sessões de cinema exclusivas para mães com filhos de até 18 meses. Duvido que elas consigam ver alguma coisa por mais de cinco minutos, mas a iniciativa é ótima. Nessas sessões para bebê, as mães podem amamentar, falar durante o filme e até trocar receitas. O próprio público escolhe a programação, coisa que podia ser por sorteio, pois o filme que vai passar ali é o que menos importa. Se os criadores do projeto acreditam que setenta mulheres podem entrar num consenso sobre alguma coisa, cada sessão vai começar com pelo menos três horas de atraso, mas isso também não é importante. O importante é que mamães que não podiam mais ir ao cinema poderão frequentar a sala sem constrangimento – e o melhor: sem o marido. E onde ele está nessas horas? Em casa, acompanhando o Brasileirão com os amigos e muita cerveja!

Por trás de um grande homem tem sempre uma grande mulher: a empregada

Pode reparar: ela sempre esteve presente na vida da família brasileira. Por saber se virar com muito menos parafernalhas caras e inúteis, a empregada enfrenta sem medo qualquer situação. É uma espécie de mãe *off road*, que consegue trocar o bebê até em cima de um carro, dar banho em poça d'água e cuidar de gêmeos como se a segunda criança fosse apenas uma duplicata.

Livre da cerca protetora da minha senhora e amparado pela simplicidade da minha empregada, é impressionante a rapidez com que cuido do bebê. O mais impressionante é que ele sobrevive.

Em vez da imensa variedade de roupinhas que só servem para confundir os papais, os filhos podiam ter apenas quatro *bodies*. Assim, não precisa ficar todo dia escolhendo roupa. Sabonete para o bebê seria um só, e não aquele *set* incompreensível de produtos, que me lembra um painel de avião. Sempre que eu e a empregada damos banho no bebê, fazemos a tarefa em dois minutos. É uma passada de mão na frente, outra atrás e vamo que vamo. Na hora de passear, a gente põe o bebê num carrinho de feira e vamo que vamo. Eu, que me achava um pai fracassado de tanto levar bronca da minha senhora, me sinto um pai realizado ao lado dessa mulher simples sem neuroses, que deixa o bebê enfiar qualquer coisa na boca. O que é ótimo, pois não preciso mais ferver o controle remoto da televisão, nem a chave do carro. Assim levamos a vida, eu, meu bebê e a empregada, como uma família feliz de propaganda de margarina.

Minhas tardes com a empregada

Quando tivemos o bebê, achei que minha relação com minha senhora fosse se estreitar. Viveríamos um período de maior compreensão e cooperação, criando juntos essa criança que o destino colocou em nosso caminho. Toda essa sinergia homem e mulher de fato aconteceu, mas com a empregada.

Tudo começou depois que minha senhora voltou a trabalhar. Um dia, enquanto eu falava ao telefone, meu bebê caiu no vão entre a cama e a parede, e aí precisei da empregada. Juntos, tiramos a criança daquele miniprecipício. Nesse dia, descobri o que é cumplicidade entre duas pessoas. É ver o bebê despencando do sofá de cara no chão e não contar nada para a minha senhora. É ver o bebê sufocando no *body* apertado que tento colocar à força e não contar nada para a minha senhora.

Como até hoje não tive tempo de achar um emprego fixo, eu e a empregada passamos o dia juntos cuidando do bebê. O que era para ser um quebra-galho acabou virando estilo de vida. Acordo, tiro meu pijama de dormir, ponho o de ficar em casa, despacho minha senhora para o trabalho, abro a porta para a empregada e nossa rotina começa.

Embora ela venha apenas dois dias por semana, um mês foi o bastante para consolidar nossa união. Essa parceria reforça a minha tese de que, mesmo que o casamento permaneça estável, é preciso uma terceira figura para completar a relação.

No meu primeiro ano de vida fui criado por aproximadamente seis pessoas. Minha mãe, meu pai, a babá, uma vizinha que me olhava quando a babá saía para o baile, a empregada e uma tia. Esse pequeno séquito se revezava, dando atenção *full time* a mim, aquele bebê voluntarioso, chato, problemático e exigente. Hoje, com 480 meses completos, continuo com os mesmos defeitos, mas, como tenho um bebê, não consigo competir com ele. Deus, com toda sua sabedoria e bondade, viu lá de cima que eu e minha senhora sozinhos jamais seguraríamos a onda e colocou em nosso caminho uma empregada experiente, que gosta de criança e que, para a sorte da minha mulher, só usa calça comprida.

A GORORОBA DO BEBÊ BABÃO

Bebês são criaturas que não fazem nada. Assim que nascem, já entram em férias. Uma das maiores diversões do bebê é comer. Alguns comem tanto que não conseguem andar e ficam engatinhando até os 18 anos. Outros mamam até os dois anos. Soube de um que mamou até os 15. Cresceu bastante, chegou a três metros de altura e hoje, embora tente se esconder de seu passado, com todo esse tamanho ficou impossível. Meu bebê é parecido.

Já posso imaginar minha senhora vendo o quanto o bebê cresceu e procurando um médico para fazer redução do estômago. Bebês monstros de filme de terror, que invadem cidades e derrubam casas e prédios com a mão, são inspirados justamente nesse bebê, que aos seis meses já pesa nove quilos. Segundo o nosso pediatra, a cada mês meu bebê ganha um quilo. Fiz as contas e descobri que aos vinte anos o meu estará com 1.440 quilos, e isso me apavorou. Lembrei logo daqueles gordos bizarros de programas sensacionalistas, que parecem uma grande massa de pão com uma cabecinha de gente. No Photoshop fiz a simulação com uma foto do meu bebê e ficou simplesmente horrendo. Deletei na hora.

Hoje, gordura não faz diferença, mas, com vinte anos, depois de ter tomado mil tonéis de leite, ninguém vai olhar para a criança e dizer: "Gente, que bebê fofo". Ninguém quer casar com pessoas fofas; pessoas fofas não são modelos; pessoas fofas não saem na *Caras*. Pessoas fofas são, no máximo, inspiração para a criação de bichos de pelúcia e de parentes do Fofão. Por outro lado, é impossível negar leite a uma criança faminta. Principalmente se ela estiver em fase de crescimento, aquela que vai de zero a 19 anos. Se você não deixar que seu bebê se alimente, ele vai chorar a ponto de deixar você surdo ou vai comer sua mão. E agora?

O leite ilusório

Foi pensando numa solução urgente para prolongar as mamadas no seio que, um dia, tentei eu mesmo servir o bebê. Comprei no *sex shop* peitos falsos, que posso prender em mim com uma cinta e encher de leite. Tentei usá-los, mas o bebê olhou minha cara, olhou meus peitos, olhou meus pelos e, de repente, arregalou os olhos e começou a chorar. Achou que estivesse mamando num travesti.

Admito que os seios verdadeiros, incluindo os de silicone, são infinitamente melhores que a parafernálias artificiais para iludir crianças. Basta dizer que alguns homens acima dos cinquenta mamam até hoje. Nas tetas do governo, infinitamente mais abastecidas que as de uma gestante. No caso dos políticos, é possível impor limites – basta fechar o Congresso. Mas, no caso do bebê, como fazer? Bem que tentei economizar, misturando leite materno com água, mas um dia a fonte secou.

A fonte secou. E agora?

Acontece nas maiores famílias, como aquelas em que uma só mãe tem mais de trinta filhos e acaba virando avó de si mesma. Aconteceu comigo e pode acontecer com você. Um dia, minha mulher me olhou com uma expressão de vazio porque seus seios também tinham esvaziado e, naquela época, o bebê não podia tomar leite em pó. É mais ou menos como se você chegasse ao último bar aberto numa noite de verão, o *barman* abrisse a torneira de chope e só saíssem umas gotas de água. Essa é a sensação do bebê ao sacar que o leite acabou.

Quando aconteceu com minha mulher, tentei ser solidário e ajudar do meu jeito, encostando a mamadeira no meu peito e vendando os olhos do bebê. Só que o bebê sabia que "não era a mamãe, não era a mamãe". "E se você beber um balde de leite?", perguntei a minha mulher. "Será que não transborda e volta a jorrar?"

Em busca do leite perdido

Lembro que, no começo, o leite da minha senhora surgia em abundância. Quantidades astronômicas que davam para o bebê, para mim e para ela. Foi nessa época que ela serviu leite do peito até para as visitas. Tomávamos juntos no café da manhã e, uma vez, cheguei até a fazer um bolo com aquele leite sem gosto, ralo e transparente, mas supernutritivo. Rendia muito. Horas depois de consumido, quando eu achava que a fonte havia secado, misteriosamente o estoque se renovava, e tínhamos mais leite para a família toda.

Depois de 45 dias de reserva estável, fiquei tranquilo e achei realmente que se tratasse de um estoque inesgotável, vindo de uma reserva tão misteriosa quanto a que abastece as cachoeiras. Até que uma noite a fonte secou. Os invisíveis produtores haviam entrado em greve.

Com medo de que o bebê morresse de fome, procuramos uma mãe estepe que pudesse nos vender leite. De madrugada, saí pelas ruas perguntando a qualquer ser com peitos se não tinham uma dose para me vender.

No dia seguinte a essa peregrinação, prossegui. Peguei filas de supermercado, fui às feiras e clínicas de estética em busca de mulheres de seios grandes, onde imaginei que pudesse ter leite. Nada feito. Eram todos de silicone aqueles peitos que eu apertava desesperadamente, como quem procura ouro na mina. Finalmente procurei mães com gravidez psicológica, mas tudo o que consegui foi um leite de conta-gotas.

Numa última cartada, fui até o interior e de lá trouxe uma cabra, mas meu bebê só quis se divertir com o bicho e montar em cima dela, confundindo-a com um pônei. O leite ele recusou.

Uma semana depois, quando meu bebê começou a emagrecer, subitamente, durante uma noite qualquer, deitei em algo ensopado. Era a minha mulher. A mina de leite tinha voltado a jorrar e ensopava o colchão, o que se transformou em alegria na madrugada. Peguei o bebê depressa para que ele aproveitasse aquele petróleo branco, mas minha senhora me tranquilizou. Ele não precisava lamber o colchão. Havia novamente leite de sobra para o bebê, para a empregada e até para mim. Assim, o que era apenas uma reserva farta para abastecimento pessoal virou um modelo de negócio.

Leite congelado: seu filho ainda vai tomar um

Já faz tempo que minha senhora fala em abandonar o emprego e abrir uma franquia. Com medo de que o leite voltasse a faltar, ela fez uma reserva. Guardou dezenas de saquinhos de leite congelado no nosso *freezer*. Ao ver aquilo, pensei: estava criado um novo tipo de negócio, o Milk Bank. Existem bancos de varejo, bancos de investimento, bancos de fomento, bancos de sangue, banco dos réus, banco de esperma, banco de reserva. Por que não um banco de leite?

Li numa reportagem que uma norte-americana teve oito filhos e conseguiu amamentar todos, pois dispunha de uma reserva de leite praticamente interminável, suficiente para servir até o marido e os amigos dele quando estes iam assistir aos jogos de beisebol em sua casa. Ao ler essa notícia, imaginei que essa mãe de leite infindável, que trabalhava meio período no Hooters, fosse na verdade uma vaca geneticamente modificada, com aparência de mulher.

Como não me espanto com mais nada, imaginei que os cinquenta sacos de leite congelado da minha senhora fossem para vender. Considerando a produção artesanal e a variedade ímpar, cada saquinho de meio litro podia sair por uns cem reais. Dez somariam mil, e, se a coisa prosperasse, acho que o bebê ia entender e passar a tomar só leite em pó.

Empolgado com o negócio, eu mesmo passei a anunciar os saquinhos de leite, inicialmente pelo bairro, e logo tivemos demanda. Quando minha senhora viu as mamães secas chegando a nossa casa para buscar o produto, não entendeu, e eu tive de explicar. "Que negócio é esse?!". Não são amantes do papai, são clientes para o novo negócio da família. Quando peguei os sacos de leite para as freguesas, ela tomou da minha mão e disse que eram para o bebê. Aquilo surtiu o efeito contrário, e as clientes aumentaram a oferta. Uma delas acabou levando meio litro por quatrocentos reais.

Tenho certeza de que assim que minha senhora se acalmar e abrir a porta do quarto, onde está há uma semana trancada com o bebê, vai entender que grandes fortunas começam com uma ideia estranha. Assim que a ideia vingar na minha casa, compraremos um novo *freezer*, uma nova máquina de tirar leite, imprimiremos *flyers,* faremos uma assessoria de imprensa e teremos leite à vontade para iniciar um negócio da China.

A amamentação, por mais difícil que seja, é uma prática portátil e muito simples. O mesmo já não acontece agora que o bebê come. Pensando na refeição do bebê, foi criada a babá. Foi inventada com tanta urgência que nem tiveram tempo de dar um nome decente pra ela.

Um dos trabalhos da babá é conseguir enfiar a comidinha na boca do bebê. As mais qualificadas fazem um treinamento naquele brinquedo de parque de diversão em que você tem que acertar água na boca do palhaço usando um revólver.

No caso do bebê, é um pouco mais complicado, pois, além de mexer a cabeça como o palhacinho do brinquedo, ele mexe as pernas, os braços, mexe na comida e joga aquela papa nojenta na sua cara. A partir do momento em que passa a fazer refeições, o bebê funciona como um motor contínuo: toma suco, faz xixi, come e faz cocô. Digere e, logo em seguida expele. Posso ouvir todo o processo de conversão da comida em merda enquanto meu bebê engole a papinha que a mamãe fez.

É simplesmente impressionante a quantidade de cocô que um bebê produz num dia. Até me passou pela cabeça montar (na casa da minha sogra) uma fabriqueta de esterco à base de excrementos de criança. A produção artesanal, mas de alta qualidade, faria freguesia depressa. E tenho certeza de que manipular esse esterco humano de criança é bem mais higiênico e digno que lidar com o esterco da vaca.

BEBÊ A BORDO. PONHA O
SEU NA MALA E

BOA VIAGEM

Meses depois que o bebê nasceu, pedi férias para minha senhora, mas ela disse que eu só podia marcar para depois que a criança fizesse um ano. Tive que me resignar à diversão sem imaginação das pessoas que não têm grana: ver novela, visitar parente, jogar videogame, montar quebra-cabeça.

Esportes radicais já fiz vários no passado, mas hoje o máximo da *extreme activity* que faço é ir à padaria a pé depois das dez da noite. O mais assustador em tudo isso é o quanto eu e minha senhora nos conformamos em nos contentar com menos – a ponto de uma ida ao surpermercado se transformar num programa de sábado. De repente, o mundo que conheço ficou limitado a meia dúzia de lugares que frequento. E quando digo isso, não é força de expressão. São seis: a padaria, o posto de gasolina, a farmácia, a casa da minha mãe, a casa da minha sogra e o supermercado. A última viagem que lembro de ter feito foi de São Paulo até o aeroporto de Guarulhos para buscar a minha cunhada que chegava de férias. Mesmo que eu pudesse escolher destinos incríveis para levar o bebê, até ele fazer um ano a viagem seria sempre a mesma, mudando apenas o cenário. E, pensando bem, hoje um destino incrível é a casa da minha mãe. Viajo só dois quilômetros e, ao chegar, enquanto como churrasco e tomo cerveja, ela fica olhando o bebê para mim. E o melhor: tudo isso sem gastar nada.

Ao viajar com um bebê, assim como fazemos em qualquer tipo de passeio, esquecendo ou não ele no aeroporto, tentamos driblar nosso destino escolhendo sempre um lugar diferente. Mas a rotina, essa bruxa maldita, nos persegue. E aí nossa viagem com o bebê, seja para a Praia Grande seja para as Ilhas Gregas, vira uma viagem a trabalho. Uma ida à praia, por exemplo, fica assim:

- 6:00 horas: olhar o mar pela janela por três minutos. Em seguida, trocar a fralda do bebê que acabou de acordar encharcado e dar a primeira refeição do dia;
- Das 7:00 às 9:00 horas: vestir o bebê, lavar e esterilizar as mamadeiras, passear com o bebê e, nesse momento, aproveitar para molhar os pés no mar;
- Das 10:00 às 12:00 horas: praticar pelo menos três atividades diferentes com o bebê. Se essas atividades forem na beira da piscina do hotel, ao final da viagem você pelo menos terá o consolo de tê-la visto de perto;
- Das 12:00 às 13:30 horas: exercitar a paciência enquanto dá a papinha do bebê, que ele come em quantidades homeopáticas, provavelmente por cinismo;
- 14:00 horas: comer em cinco minutos toda a variedade de antepastos, entradas, aperitivos e pratos que o hotel oferece. Semanas depois, ao lembrar que passou praticamente reto por esse paraíso gastronômico, você vai entrar em depressão;
- 15:00 horas: hora da sesta do bebê. Agora, você tem meia hora livre. Diante de tantas opções de distração ao seu redor, faltam ânimo e energia até mesmo para dar um passo. Sua vontade era se afogar num drinque duplo, mas logo o bebê acordará e você deverá estar sóbrio;
- 17:00 horas: dar banho no bebê, vesti-lo e alimentá-lo novamente, desta vez com a mamadeira;
- Em seguida, colocá-lo para dormir.

Caso antes disso você já não tenha dormido em pé, estará completamente tonto de tantas atividades, o que fará os hóspedes do hotel ou *resort* pensarem que você passou o dia enchendo a cara no bar *all inclusive*. A verdade é que alguém roubou seu fim de semana e tudo o que sobra é a conta daquele dia em que você não se divertiu. Da próxima vez, alugue uma babá e leve na bagagem.

Mesmo sabendo o que nos esperava, minha senhora achou que fosse bom para o bebê mudar de ares e conhecer outro país. Ficando num hotel cinco estrelas, poderíamos ter à disposição um minisséquito para olhar o bebê, enquanto a gente olhasse o cardápio de bebidas. A ideia pareceu atraente, mas antes tive que verificar em guias de turismo qual o melhor jeito de transportar o bebê. Foi então que encontramos as alternativas:

- Frasqueira – para bebês que medem até cinquenta centímetros. Entram fácil nas maletas e se sentem seguros, pois aquele aperto simula as condições do útero. Só atente para o perigo de o bebê sufocar. Para que ele respire, o zíper deve ficar um pouco aberto;
- Sacola de academia – perfeita para bebês de até três meses. Forrando o fundo com um colchonete, o bebê se sente confortável, pode dormir sem barulho e em completa escuridão. E a mamãe, caso faça halterofilismo, pode carregar a sacola casualmente como se levasse a própria bolsa;
- Cadeirinha – espécie de manjedoura de plástico usada para transportar o bebê em qualquer tipo de veículo. Por ser projetada para crianças, permite ao bebê dormir confortável, desde que ele se contente com a posição única de decúbito

dorsal. O único problema da cadeirinha é que, apesar do nome diminutivo, ocupa um espaço gigante no avião. Alguns pais levam a cadeirinha no lugar em que colocariam os pés e permanecem em posição de ioga (pernas cruzadas) por até dez horas. Chegando ao destino são retirados do avião ainda nessa posição e transformados para sempre em peça de decoração, já que nunca mais conseguem se mexer.

Sempre que penso em viagens com crianças me dá certo pânico. Imagino não apenas que o avião possa cair no caminho, mas que no país visitado haja, de repente, um terremoto, um maremoto, uma passeata, um jogo de futebol ou qualquer evento que possa terminar em desgraça.

A simples lembrança de um pequeno vendaval na praia, coisa que já enfrentei quando criança, me faz imaginar uma catástrofe. Por exemplo, o prenúncio de uma tempestade à beira-mar, em que estou tentando juntar todos os objetos pessoais da família, antes que a água os carregue. Enquanto isso, em meio à ventania que leva embora cadeiras e guarda-sóis, minha senhora tenta cobrir o bebê com a capa de chuva do carrinho, que sai voando. Em seguida, tenta cobri-lo com uma manta, que também sai voando. Tenta cobri-lo, enfim, com uma tampa de isopor, que também sai voando. Até que, de repente, quem sai voando é o bebê, e a nós só resta olhar em estado de choque a minúscula criança sendo levada pela ventania e sumindo no céu como um balão de gás.

Foi pensando em situações desse tipo que minha senhora imaginou para o bebê viagens calmas, quase mornas, estilo passeios de velho.

Foram várias as sugestões:

- Viagem até Cedral – uma cidade fantasma a 460 quilômetros de São Paulo, sem nada para fazer, a não ser dar voltas no quarteirão, o que equivale a uma volta na cidade;
- Viagem até Caieiras – embora os corretores de imóveis insistam que esta é uma cidade do interior, Caieiras, na verdade, é periferia de São Paulo, local de desova de carros roubados e de empresas que querem fugir do imposto de renda;
- Viagem a Diadema – o mesmo caso de Caieiras, com a vantagem de ser uma cidade um pouco maior e que, para chegar lá se pega um trecho de estrada, o que dá a ilusão de que estamos realmente viajando;
- Viagem à Cidade da Criança – localizada naquela confusão de povoados chamada de ABC. Nunca sabemos em que letra do abecedário estamos e, uma vez que entra, dificilmente você sai, a menos que siga um carro com placa de São Paulo. É ali que fica a Cidade da Criança, um parque que tenta imitar a Disney. O bom é que, além de ser perto de São Paulo, também significa uma viagem no tempo, já que a arquitetura, os brinquedos e o site da Cidade da Criança estão ainda na década de 1970.

Depois de pensar em várias hipóteses de diversão, minha senhora sugeriu algo além de cem quilômetros de São Paulo, uma estação de águas. Uma das estações que pesquisamos na internet tinha mais de dez tipos de piscina. Frias, mornas, quentes, geladas, de água com gás, de água sem gás, infláveis, retráteis e de gelatina. No mar, onde a água vai e vem, ou seja, é reciclada, já acho nojento aquele mundo de gente se banhando; imagine o mesmo numa piscina.

Sempre que penso em estações de água, me vêm à mente diversas banheiras gigantes com casais de velhos mergulhados, todos com cara de enrugada, passando o dia mijando sem parar nas águas mornas, enquanto bebem cerveja sem álcool.

Motivados pelo asco que essa imagem causou, pensamos numa viagem a seco. Procuramos comodidade, segurança, tranquilidade, e o que apareceu no Google? Uma dessas excursões para conhecer a Europa em 16 dias. Passando 365 por ano só em São Paulo desde 1970, eu não conheço nem metade da cidade. Imagine conhecer a Europa em 16 dias! Só de descer e subir de ônibus, carro e avião tantas vezes em tanto tempo, o cara enlouquece. Volta para casa zureta para sempre e não quer sair nunca mais. Agora imagine o bebê numa dessas excursões malucas, entrando em ônibus, sacolejando, tirando foto de estátua, entrando em ônibus, vomitando, posando para foto com outra estátua, entrando em avião, entrando em mala, saindo de mala. Enlouquecedor. E, depois, a agência de turismo ainda tem a cara de pau de dizer que essas excursões são ideais para a terceira idade. Só se o cara quiser morrer de enfarte.

Novamente tivemos que pensar em outra alternativa. Minha esposa queria uma viagem perto de São Paulo, um ambiente seguro, uma estrada plana e sem buracos. Não vi outro jeito senão pegar o carro e ir até Alphaville.

Como o bebê nem sabe o que é loteamento, foi muito fácil enganá-lo e fazê-lo pensar que estava em outra cidade.

Ele estranhou, riu, chorou, se impressionou com o portal de entrada. Tomamos sorvete, passeamos pela grama do canteiro central, visitamos um lago e ainda passamos na farmácia para comprar coisas (que sempre estão faltando) para o bebê. Voltamos para casa com aquela alegria cansada de quem passou o dia num parque de diversões.

Prometemos, eu e minha esposa, jamais revelar à criança que aquele lugar é só um conjunto de loteamentos ligados por ruazinhas e repleto de lojas cenográficas. Se daqui a alguns anos Alphaville ainda não tiver virado de fato uma cidade, vamos passar ali em silêncio, deixando meu bebê acreditar que naquele dia distante de 2012 conheceu uma cidade do interior.

O DIA EM QUE O BEBÊ DESCOBRIU QUE PODIA SER GENTE

Quando me disseram que os novos bebês crescem depressa, achei que fosse exagero.

Na minha época, com cinco meses, eu brincava com um ábaco. Hoje um bebê de três meses pega um iPhone, bate no teclado e de repente baixa um aplicativo. Empolgadas com a nova geração (não a do iPhone, a dos bebês), as mães os preparam para viagens ao exterior como se fosse a coisa mais fácil do mundo atravessar o continente com um bebê.

Eu, que viajei de avião pela primeira vez aos seis anos e fui ao exterior pela primeira vez aos 15 (vale Paraguai?), fico bem assustado ao ver na porta da Polícia Federal uma fila de crianças de quatro meses aguardando a vez para tirar o primeiro passaporte. Pelo andar da carruagem, que haja vista, está correndo pra caramba, esses bebês vão começar a usar computador aos quatro anos, entrar na internet aos cinco, frequentar site pornô aos sete e virar *hacker* aos nove.

Percebendo a desenvoltura com que passam na entrevista para tirar passaporte, sorriem para as fotos e deixam suas mínimas digitais impressas, imagino que em breve, além de viajar, vão querer se organizar em grupos.

Viagem é só uma das atividades do bebê moderno. Ou você acha que, só por que não andam, não falam e não conseguem ficar de pé, eles querem ficar parados? Achei, por um momento, que bebês ficassem a maior parte do tempo dormindo, mas, ao contrário dos bebês de antigamente, os de hoje são superativos e andam até mesmo antes de engatinhar. Rastejar pelo chão é coisa de bebê velho ou paraplégico. Até aí tudo bem. O que eu não esperava era que meu bebê andasse tão cedo. Imaginei que os primeiros passos viessem aos 11 meses. Mas começaram aos seis. Passos de bêbado ainda, um andar indeciso, mas um avanço irreversível.

Já posso ver meu bebê fazendo caminhadas, liderando procissões e seguindo o caminho de Santiago sem andador. Começo a ter saudades de quando ele era apenas um bebê portátil. Aos cinco meses ainda levantava com dificuldade, como aqueles paraplégicos que milagrosamente começam a andar. Todo torto, fazendo esgares de sacrifício, mas eu via no seu olhar uma determinação e sentia pelos berros que ele ia andar nem que fosse na porrada. O que mais me preocupou na evolução do bebê foi quando abri o livro do Delamare nos seis meses e me deparei com uma expressão: "explosão de atividades". Como assim?

Essa etapa já não tinha começado? Desde a semana do parto eu não lembro de um dia em que eu tivesse descansado. Assistir a sessões de ultrassom, arrumar a mala para o bebê, arrumar a mala para minha senhora, organizar o chá de fraldas, comprar a cadeira da amamentação, avisar aos parentes distantes que o bebê nasceu, aparentar felicidade ao receber uma visita às sete da manhã no quarto do hospital, ajudar minha senhora a ajustar a almofada de amamentação, fazer leite na falta de leite materno, trocar fraldas, tirar fotos, assinar cheques, fazer documentos, embalar o bebê, cantar para ele dormir, e muito, muito mais.

Depois de passar por tudo isso, me pergunto: o que seria uma "explosão de atividades"? O autor ainda complementa: "O bebê quietinho dos primeiros quatro meses não existe mais". Quietinho? Meu bebê urrava se passassem cinco minutos da hora da mamada. Chegando a hora de dormir, até os três meses ficava chorando das seis até às oito da noite, hora em que cansava e dormia. E o cara vem falar que o bebê quietinho não existe mais. Só se ele se refere a uma criança muda. No livro, o autor diz ainda que teremos que "estimular seu desenvolvimento motor". Agora me pergunto: como fazem esses casais que têm filho aos cinquenta anos? De onde tiram energia para a explosão de atividades? Cheiram cocaína? E quanto às mães solteiras? Se em dois já é difícil e, muitas vezes, temos que apelar para a vovó, como acompanhar a explosão de atividades sem ajuda? Deve ser pensando nisso que inventaram o videogame. Uma ocupação excelente para os bebês se entreterem enquanto os pais leem jornal.

Como se não bastasse essa atividade febril, sem mais nem menos o bebê começa a pronunciar coisas. É como se há muito tempo ele já soubesse o que dizer, mas aquele discurso ficasse incubado à espera do momento propício para recitar um trecho de livro e causar comoção na família. De todo o desenvolvimento do bebê, a fala é o que mais causa surpresa, pois nós, prepotentes e ignorantes, acreditamos que o bebê será um eterno analfabeto mudo e, com 35 anos, continuará sussurrando seus grunhidos incompreensíveis. Mas se até um papagaio, aquele bicho sem alfabetização e sem noção, fala, imagine o bebê.

Falar é fácil, difícil é a gente entender

Tudo começa com pequenos fonemas lançados a esmo, mas, quando menos se espera, os sons se articulam e ouvimos algo como: "Se liga, mané, tô falando com você". No caso dos bebês meninas, é sabido que falam bem mais que os meninos. Faça o teste. Enquanto estiver falando com uma mulher ao telefone, deixe o celular em cima de um móvel por dez minutos e vá fazer outra coisa. Ao retornar, você vai ver que ela ainda está falando do mesmo assunto. Aí basta dizer algo como "entendo" só para mostrar que você ainda está ali. No caso do bebê menina é a mesma coisa, com a diferença de que ela ainda não fala ao telefone.

Com o meu bebê foi tudo muito inesperado. Quando eu menos imaginava, ouvi uma voz. Achei que fosse na vizinhança ou na televisão. Mas era ele. Na verdade, já havia dito coisas que, na minha ignorância, eu desprezei. Algo como "baba beb nhe oohhh". Pode não parecer, mas se trata de um idioma sofisticado inspirado na língua dos aborígenes, em que a fala se casa com a expressão facial. Nós, adultos, temos que compreender o todo quando o bebê diz "aha bzzzzz ble ble ble" e faz uma cara de velho. Se ele está no carrinho, essa frase significa "me tirem daqui". Quando ele está mamando, o significado já muda para "cala a boca, senão me desconcentro". É um idioma que precisa de muito estudo e boa vontade, mas, por comodismo, os pais preferem esperar o bebê completar um ano para impor a sua própria língua.

Com um pouco de esforço, poderíamos em meses aprender um novo idioma, excelente para fofocar, falar mal de alguém que está por perto ou até xingar um guarda frente dele. Para ter uma ideia da utilidade dessa língua dos bebês, imagine uma conversa sobre negócios sigilosos: "ble boojjh atava polis bahhh bahhh". Parece nada, mas significa "as coisas vão mal, precisamos trocar a gerência". Ou ainda "behhh blup blup ah ah", ou seja, "as ações estão caindo e se houver de fato a fusão, vamos perder nossos empregos". Útil, não?

Nas minhas tentativas desesperadas de entender meu bebê, já cataloguei algumas expressões, que gravo às pressas sempre que ele emite um som. Só falta agora achar alguém para conversar comigo nessa língua estranha. Minha mulher não acredita na minha teoria e se recusa a aprender um terceiro idioma. Meus amigos acham fofo quando eu me comunico com o bebê na língua dele, mas sei que, no fundo, pensam que eu estou pirando. Para mim, loucos são todos aqueles que acham que bebês, só por não falarem como os adultos, não têm nada a acrescentar.

BERÇÁRIO,

A CASA DE REPOUSO DO BEBÊ

Ao atingir a maioridade, aos seis meses, chega a hora de o bebê se desgarrar da mamãe e do papai. Depois de muita pesquisa pelos dez berçários do meu bairro, descobri que esse é um negócio ainda mais rentável que bufê infantil e, justamente porque o negócio é rentável, demoramos para achar um berçário para o nosso bebê.

Sempre pensei que berçário fosse uma galpão repleto de berços, onde o bebê entrasse, tomasse um calmante à base de ópio e passasse a tarde dormindo. Para quem não sabe, é uma espécie de acostamento da vida. O bebê fica ali e, enquanto cuidam dele, você e sua esposa podem ir para um *spa* ou passar uma temporada na Jamaica, se refazendo de toda a jornada de trabalho dos últimos meses.

Conceitualmente, berçário é uma mistura de escola e clínica de repouso. Ali, bebês de todas as idades passam a tarde ou o dia recebendo cuidados de profissionais altamente preparadas. Essas almas abnegadas que ficam a maior parte do tempo ouvindo choro de criança tomam três Lexotans de vinte miligramas por dia. Daí aquele riso fácil, aquela simpatia e a confiança de quem não se assusta mais com nada.

Visita de reconhecimento

É o primeiro contato dos papais com o berçário. Quando chegamos, fomos recebidos por uma mulher sorridente com ares de madre superiora. Ela nos levou para um *tour* em que conhecemos outras mulheres igualmente calmas e sorridentes que cuidam das crianças. São freiras sem hábito, mulheres que optaram por canalizar seu potencial de mãe para os filhos dos outros.

Sempre imaginei que, antes de confiar uma vida de seis meses a pessoas completamente desconhecidas, pudéssemos entrevistá-las como fazemos com babás, mas, para o meu espanto, nós, os pais, é que somos entrevistados.

Pedindo referências para mim?!

O primeiro contato no berçário funciona como uma entrevista de emprego. Sentamos, eu e minha senhora, em cadeiras de criança, onde ficamos encolhidos contando a historinha do nosso bebê. Discorremos sobre vários detalhes, sempre em tom de fábula, pois no Berçário Castelo Encantado tudo é uma grande fantasia. As funcionárias se vestem de fada, as dirigentes se vestem de princesa e o segurança de *highlander*.

Numa espécie de chamada oral, a coordenadora vestida de rainha perguntou tudo sobre o meu bebê. Minha senhora, que se tornou um compêndio ambulante de crianças, respondeu com uma certeza que deixou todos chocados.

Em seguida, veio a hora do acerto e, então, pela primeira vez em uma hora e meia, me deram a palavra. Falei a frase "em cheque", respondendo como queria pagar. Isso foi tudo. Então, com a caneta em forma de varinha de condão, preenchi a folha. Descobri nesse instante que, ao ingressar num berçário, quem chora não é mais a criança e sim o pai, o que acontece sempre que chega o dia de pagar a mensalidade.

O ritual de ida ao berçário começa ainda em casa, quando a esposa pendura no marido a bolsa do bebê, uma sacola com as roupas de cama, outra sacola com vasilhas, mamadeiras e uma mochila. Com o marido já carregado, põe nos seus braços o bebê. O homem sai de casa praticamente sem conseguir andar, como se fosse para uma expedição. Já na rua é confundido com um escoteiro. As pessoas passam ao largo e riem, provavelmente da sua cara, mas fingem que é para o bebê.

Na cabeça da mulher os dois estão saindo de casa rumo a uma estranha expedição num território longínquo e de onde ninguém sabe se voltarão vivos.

Às 13:00 horas, o pai zeloso já fez a travessia da rua com a criança. Passou por calçadas destruídas que o prefeito não conhece, buracos que o prefeito nunca viu e uma rotatória suicida que ninguém respeita. Finalmente, depois de tantos percalços e riscos, chega ao berçário, a cem metros de casa. Logo que entram, a coordenadora já o espera para o início do processo de adaptação.

Caraoquê no jardim da infância

Aqui começa a participação do pai. Passo pelo corredor da escola e me levam para uma sala, que parece de reunião. Ali, dez bebês fazem um círculo, junto com as babás. Um homem no canto organiza uns atabaques e prepara um violão.

Não faço a mínima ideia do que vai acontecer. Uma das babás sentadas no chão ri para mim, como quem diz "Ferrou".

Aquela é a aula de música. Falo que vim só para observar, já que meu bebê está em outros braços. Ainda assim, a chefe da tribo de babás me manda entrar no círculo. Agora o homem com pinta de professor de violão começa a tocar algo que lembra as canções que aprendi aos dez anos. A música é para as crianças, mas elas não acham graça nenhuma. Esperavam algo como Ramones, Depeche Mode, Franz Ferdinand. A segunda canção é para mim, o visitante. Com um sorriso de adulto idiota, o músico começa a cantar e me olha, talvez me desafiando para saber o quanto aguentarei aquele constragimento. Na quarta canção, o cara pede que eu participe mais. Escolhe uma composição de sua autoria, querendo que eu repita com ele o refrão. Se eu pudesse ao menos mentir que não decorei, mas o refrão é CO-CO-RI-CÓ! Apenas mexo a boca, mas o cara percebe e diz que eu também posso me expressar. Então, fecho os olhos e finjo que tudo aquilo é uma grande alucinação. Os minibumbos em que uma criança bate dão um toque ancestral ao encontro.

As crianças não cantam e nem dançam. Provavelmente também se perguntam, como eu, o que estão fazendo ali. Como meu bebê já se entrosou, penso em ir embora, mas uma das babás me segura.

Me prenderam, me fizeram comer papinha e me obrigaram a cantar a música da barata!

Na segunda parte do ritual, vamos para a cozinha, onde me apresentam toda a série de gororobas amassadas que dão para as crianças comerem. Não vejo diferença entre o purê de batatas e o abacate cremoso. A cozinheira quer que eu prove. Olha sorridente, não sei se por doçura ou cinismo. Naquele momento, sou o único pai em cativeiro à disposição da estranha tripulação. Não tenho saída. Fecho os olhos e, como um político em campanha, vou comendo tudo o que a mulher põe na colher colorida. "O que achou?", ela pergunta. Eu falo "ótimo" querendo me livrar logo daquilo, mas ela pede que eu coma mais. A sorte é que o primeiro dia de adaptação passa depressa e, quando vejo, meu bebê já está pronto para voltar para casa.

Finalmente, pego-o no colo e saio. Só então olho para o teto e vejo uma câmera que registrou todos aqueles momentos desde minha chegada.

Quem canta, as crianças espanta

Eu, que achei que já tivesse superado essa etapa traumatizante do convívio pseudossocial com crianças de colo, sou novamente pego de surpresa. No dia seguinte, assim que chego com meu bebê, a chefe das babás me pega pela mão e avisa que teremos uma atividade que envolverá os pais. Mas isso não tinha acontecido na primeira visita? Outra vez, me preparo para um ritual indígena, em que abandonarei todas as minhas crenças e a vergonha para bater palmas numa roda de minianões e cantar a música da barata.

Sento no chão e, sem querer, quebro um brinquedinho. Meu bebê, no outro extremo da roda, me olha assustado. Será que já sabe o que vão fazer comigo? Gentilmente, a chefe das babás me passa a letra da música da barata. Pego o humilhante papelzinho e, assim que as três mulheres começam a cantar, acompanho mexendo a boca. Bato palma bem forte, um pouco por raiva, mas também para pulverizar aquela cantoria débil, que me lembra os meus tempos de jardim de infância. Meu bebê continua me olhando assustado. Mesmo com cinco meses percebeu o meu deslocamento nesse momento sublime em que seguro um chocalho com a mão direita e uma casca de "coco musical" com a esquerda.

Passada essa gincana, tenho a impressão de que fiquei dez horas naquela sala decorada como quarto de criança. Resta agora saber o que vão fazer comigo. Acabo dando sorte. Justo na hora em que uma das babás disse "E agora vamos...", meu celular tocou. Ótimo. Não vou a lugar nenhum. Clientes, que sempre me atrapalham com suas solicitações absurdas, sem querer acabaram me salvando. Foi assim, anunciando uma reunião de última hora, que consegui fugir daquele local. Mas no dia seguinte voltei.

O terceiro dia

No terceiro dia da chamada adaptação do bebê ao berçário, eu nem precisaria ter aparecido. Assim que viu as babás, meu bebê me ignorou. Em vez de ciúme, senti alívio. Do lado de fora da sala, segurando apenas a bolsa do bebê, aguardei as instruções, mas tudo o que vi foi meu bebê de longe, completamente envolvido pelo amor incondicional daquelas freiras que não deram certo. Mais que nunca, vi que agora eu não passava de um pai carente, de um pobre carregador de malas, dispensador de fraldas e *officeboy*, que vagava pelo mundo como um espectador, à espera da próxima atração.

CONCLUSÃO.

SE É QUE ISSO TEM FIM

Meu bebê já está com sete meses, mas a história só começou. Logo virá o aniversário de um ano, em que eu e minha senhora entraremos no cheque especial para pagar uma festa de 10 mil reais num bufê infantil. Para nossa surpresa, meu bebê acabará se assustando com os personagens, se entediando com a música e dormindo nos primeiros dez minutos.

Eu, que vivia entediado tendo que cuidar de um bebê que só comia, fazia suas necessidades e dormia, vou ter saudades de quando eu podia dormir a mesma quantidade de horas que ele. Logo ele começará a andar, e teremos que contratar alguém para segui-lo. No começo vai ser difícil passear sem o carrinho, pois "distraidamente" o farei acompanhar meus passos na rua e acabarei arrastando-o no caminho de casa até a padaria. E meu bebê vai contar tudo para minha senhora, pois, a essa altura, já estará falando e terá um repertório bem mais amplo que "papai", "mamãe" e "oi".

Assustado? Ainda não terminei. Depois de um ano e meio, chegará a hora de colocar meu bebê na privada, e eu terei de improvisar uma rede para ele não cair lá dentro. Sua imagem afundando nas profundezas nojentas da água da privada fez minha senhora comprar um *set* de assentos para todas as fases dos seus dois anos. O bom de tudo isso é que logo meu bebê ficará livre do berço. Um dia, vai acordar revoltado, desmontará as grades e jogará tudo pela janela do prédio na cabeça da síndica. Passará, então, a dormir numa cama – a nossa cama. Eu, que já achava exíguo o pequeno retângulo que minha senhora deixa para mim, verei que, por pior que as coisas sejam, elas ainda podem piorar. Terei que desenvolver habilidades mágicas para caber nos trinta centímetros de largura que me restarão. Terei ainda que passar a noite imóvel e ereto como uma múmia. Um giro para a direita pode ser fatal para o bebê, pois posso sufocá-lo ou esmagá-lo. Um giro à esquerda pode ser fatal para mim, pois posso cair da cama de cara no chão. A sorte é que só terei que manter essa concentração por no máximo cinco horas, que é o tempo de sono que meu bebê me concede.

Quando o bebê tiver mais de um ano, viver passará a ser mais interessante que dormir, e aí sim entenderei esses pais que tinham saudades de quando o bebê era portátil, cabia numa sacola de feira, podia ser transportado sem contestação, não tinha personalidade e vivia deitado. O que me consola é que, um dia, meu bebê será adulto e eu voltarei a ser uma pessoa livre e independente. Poderei esquiar, saltar de paraquedas, andar de moto, viajar pelo mundo, fazer academia. Resta saber se depois dos cinquenta eu terei fôlego para tudo isso.